松亭 金赫濟 校閱

原本 小學集註

（上）

明文堂

御製小學序

小學何爲而作也古之人生甫八歲必受是書即三代教人之法也自嬴秦坑焚以來經籍蕩殘存者幾希此新安朱夫子之所以慨然乎世教之陵弛輯舊聞而牖來學者也嗚呼是書也規模節次粲然備具有內外之分有本末之序曰立教曰明倫曰敬身玆三者內也本也次言稽古所以摭往行而證之也曰嘉言曰善行玆二者外也末也果於斯三者沈潛反覆驗之于身則二者不過推廣而

實之而已譬如綱擧則目張根培則支達此
正小子入道之初程蒙養之聖功豈易言哉
若夫敬身一篇儘覺緊切盖嘗論之敬者聖
學之所以成始成終徹上徹下而敬怠之間
吉凶立判是以武王踐阼之初師尙父之所
以惓惓陳戒者不越乎是學者誠有味于斯
動靜必於敬造次必於敬收吾出入之心立
吾正大之本今日下一功明日做一事於不
知不覺之中靈臺泰然表裏洞徹則進乎大
學所謂修身齊家治國平天下之道特一擧

而措之矣其於風化烏可少補云爾
歲在甲戌春正月哉生魄序
通政大夫兵曹叅知 臣 李德成奉
敎書

小學書題

●져근아해배홀글의쓴거시라

古者小學애 教人以灑掃應對進退之節와 愛親敬長上聲 隆師親友之道하니 皆所以爲修身齊家治國平天下之本이니 治平聲後凡不圈者皆平聲

●네小學애사람을가라치되물뿌리고쓸며應하며對하며나아며무르는졀차와어버이를사랑하며얼운을공경하며스승을존대하며벗을親히할道로써하니다써몸을닷가며집을가작이하며나라을다사리며天下를平히할근본을하는배니

(集解)小學、小子所入之學也、三代盛時、人生八歲、皆入小學而受教焉、灑、謂播水於地、以浥塵、掃、謂運帚於地、以去塵、應、謂唯諾、對、謂答述、節、禮節也、親、父母也、長、尊長也、隆、尊也、親、近也、道則講習之方也、此、言小學之教、所以爲他日、大學修齊治平之根本也

而必使其講而習之於幼穉治之時난 欲其習與智長上聲하며 化與心成하야 無扞汗格不勝升之患也ㅣ니라

●반다시해여곰그젺어어려실제講하야니기게홈은그익힘이디혜로더브러길며

되옴이ᄆᆞᆷ과더브러일어막키여이긔디못ᄒᆞᆯ근심이업과다홈이니라

(正誤)扞格、牴牾不相入也、○按、格、如民莫敢格之格、卽拒逆之意、讀如字

(集說)陳氏曰不勝、不能勝當其敎也、言、人於幼穉之時、心智未有所主、及時而敎之、欲其習與智俱長、化與心俱成、而無扞格難入、不勝其敎之患也

今其全書ㅣ雖(平聲)不可見이나而雜出於傳(去聲)記者ㅣ亦多ㅣ언마ᄂᆞᆫ讀者ㅣ往往에直以古今異宜로而莫之行ᄒᆞ나니殊不知其無古今之異者ㅣ固未始不可行也ㅣ니라

●이제그온글을비록可히보디못ᄒᆞ나傳記예섯거낫ᄂᆞᆫ듸또하건마ᄂᆞᆫ닐글이잇다감ᄒᆞᆫ갓녜와이제와맛당홈이달옴으로써行티아니ᄒᆞᄂᆞ니ᄌᆞᄆᆞᆺ그녜와이제와달옴이업ᄉᆞᆫ거시진실로비로소可히行티못ᄒᆞᆯ거시아닌줄을아지못ᄒᆞᄂᆞ니라

(增註)直、猶但也、殊、猶絕也。(集解)全書、謂三代小學敎人之書、傳記、謂今所存曲禮內則諸篇也、夫自坑焚之後、載籍不全、其幸存者、世人、直以時世不同、莫之能行、蓋絕不知其中、無古今之異者、實可行也、無古今之異、卽朱子、蒐輯以成此書者、是也

今頗蒐(搜)輯(集)ᄒᆞ야以爲此書ᄒᆞ야授之童蒙ᄒᆞ야資其講習ᄒᆞ노니庶幾(平聲)

有補於風化之萬一云爾니라

●이제ᄌᆞ못어더모도와ᄡᅥ이글을밍ᄀᆞᆯ아아ᄒᆡ어린이를주어그講ᄒᆞ야니김을ᄌᆞ뢰케ᄒᆞ노니거의풍쇽이며교화의만분에하나히보태옴이이시리니라

(集說)陳氏曰蒐、索也、輯、聚也、授、付也、童蒙、童幼而蒙昧也、資、助也、庶幾、近辭、風化、詩序、謂風、風也、敎也、風以動之、敎以化之也、萬一、萬分之一也、云爾、語辭、朱子此書、續古者小學之敎、其有補於國家之風化、大矣、曰庶幾、曰萬一、皆謙辭耳、吳氏曰朱子之於世敎、豈惟有補於當時、實則有功於萬世也

淳熙丁未三月朔朝애晦菴은題ᄒᆞ노라

●淳熙丁未三月朔朝애晦菴은쓰노라

(集說)陳氏曰淳熙丁未、宋孝宗十四年也、晦菴、朱子別號也

小學集註攷訂

總論

許氏衡曰小學大義其略曰上曰字他本無

立教

第三板擇於諸母與可者朱子曰可列女傳作阿卽所謂阿保也後漢書有阿母

敎以右手註取其便便臭氏本註作强○今本第四板

明論

第三板皆佩容臭大雅公劉篇註或曰容刀如言容臭謂鞞琫之中容此刀耳朱子曰容臭如今之香囊是也安城劉氏曰臭者香物若茝蘭之屬亦以香囊之中容此香物而謂之容臭耳朱子詩註如此小學所謂容臭亦是盛香之囊耳

第三十二板執摯以相見註雖父母之親母當作子○今本第三十八板

敬身

第九板毋循枉註是二過矣二本作貳○今本第十一板

嘉言

第二十一板病臥於床委之庸醫比之不慈不孝病臥於床非父母與子也乃身病臥於床也吾之身即父母之遺體疾病死生所係而委之於庸醫之手致誤其身則比之不慈不孝事親者尤不可不知醫術也禮註朱子曰下不足以傳後故比於不慈上不足以奉先故比於不孝也二程粹言病臥之上有身字○今本第二十四板

第二十六板二溢米註溢謂二十四分升之一也儀禮註曰二十四兩曰溢為米一升二十四分升之一云沈括曰秦漢以前量六斗當今一斗七升九合蓋古量比今甚小儀禮註說恐是○今本第二十九板

第三十一板劉安禮註安禮字立之字當作名居是邦不非其

大夫註朱氏曰氏當作子○今本第三十五板

第三十六板鄰下風俗註造請謁人於外請下當有謂字○今本第四十

板

善行

第七板藍田呂氏註呂氏兄弟四人長大中言行錄中作忠○今本第

八板

第十七板汲黯景帝時註太子出見見當作則○今本第十九板

第二十五板冀其意阻阻他本作沮當考○今本第二十七板

第三十五板厠牏註近身之小衫韻會牏行圊受糞函也史記註孟康曰東南人

謂鑿木空中如槽謂之牏註說恐誤○今本第三十七板

第四十板生祥下瑞無休期休他本作時考本集時字是○今本第四十三板

右文元公金長生攷訂文元公攷訂據舊本冊板與今活字印本葉數第次本同恐覽

者致疑故各條之下並以今本第次附載以便考准

小學題辭

●小學애쓴말이라

(集說)饒氏曰小學者、小子之學也、題辭者、標題書首之辭也

元亨利貞은天道之常이오仁義禮智는人性之綱이니라

●元과亨과利와貞은하ᄂᆞᆯ道의덧덧ᄒᆞᆫ거시요仁과義와禮와智는사ᄅᆞᆷ의性의綱이니라

(正誤)元者、生物之始、亨者、生物之通、利者、生物之遂、貞者、生物之成、四者、天道、天理、自然之本體也、亘萬世而不易、故、曰常、仁者、愛之理、義者、宜之理、禮者、恭之理、智者、別之理、四者、謂之人性、人心所具之天理也、統萬善而不遺、故曰綱、○元、於時、爲春、於人、爲仁、亨、於時、爲夏、於人、爲禮、利、於時爲秋、於人、爲義、貞、於時、爲冬、於人、爲智

(集說)此一節、言天道流行、賦於人而爲性也

凡此厥初ㅣ無有不善하야藹然四端이隨感而見(現)이니라

●믈읏이그처엄이엇디다아니홈이업서藹然히네긋티감동홈을조차나타나ᄂᆞ니라

(集說)饒氏曰此者、指上文、仁義禮智之性也、厥初、謂本然也、藹然、衆盛貌、端、緖也、孟子曰惻隱之心、仁之端也、羞惡之心、義之端也、辭讓之心、禮之端

也、是非之心、智之端也、感者、自外而動於內也、見者、自內而形於外也、此、言人性、其初本善、是以、四者之善端、藹藹然、隨其物之所感動而形見也

(集說)此一節、言性發而爲情也

愛親敬兄과 忠君弟長이 是曰秉彝라 有順無彊上聲이니

●어버이ᄅᆞᆯᄉᆞ랑ᄒᆞ며兄을공경ᄒᆞᆷ과님금ᄭᅴ튱셩ᄒᆞ고얼운의게공슌ᄒᆞᆷ이이ᄅᆞᆯ골온가밧ᄂᆞᆫ덛덛ᄒᆞᆫ거시라順히ᄒᆞᆷ이잇고구틔여ᄒᆞᆷ이업ᄉᆞ니라

(集說)饒氏曰忠者、盡己之謂、弟、順也、秉、執也、彝、常也、言、愛親敬兄忠君弟長、此四者、乃人所秉執之常性、皆出於自然、而非勉彊爲之也

(集說)此一節、言性之見於行也

惟聖은 性者ㅣ라 浩浩其天이시니 不加毫末이라도 萬善足焉이니라

●오직셩인은性대로ᄒᆞ시ᄂᆞᆫ者ㅣ라浩浩히그하ᄂᆞᆯ히시니터럭귿만도더으디아니ᄒᆞ야도일만어딘일이足ᄒᆞ니라

(集說)饒氏曰惟、語辭、浩浩、廣大貌、天、卽理也、毫末、言至微也、此、言聖人、無氣稟物欲之累、天性渾全、浩浩然廣大、與天爲一、不待增加毫末而萬善自足、無少欠缺也

(集說)此一節、言聖人之盡其性也

衆人은 蚩蚩ᄒᆞ야 物欲交蔽ᄒᆞ야 乃頽其綱ᄒᆞ야 安此暴棄니라

●모든사람은蚩蚩ᄒᆞ야物과欲이서르ᄀᆞ리여그綱을문허ᄇᆞ려이해ᄒᆞ며ᄇᆞ리기를편안히녀기ᄂᆞ니라

(集說)饒氏曰衆人、凡民、蚩蚩、無知之貌、物欲、謂凡聲色臭味之欲也、交、互也、蔽、遮也、暴、害也、此、言衆人、氣稟昏愚、物欲交蔽、是以、頽墜其仁義禮智之綱、而安於自暴自棄也

(集說)此一節、言衆人之汨骨其性也

惟聖이 斯惻ᄒᆞ사 建學立師ᄒᆞ사 以培其根ᄒᆞ며 以達其支枝同ᄒᆞ시니라

●오직성인이이에슬허ᄒᆞ샤學을세우시고ᄉᆞ승을세우샤써그불휘를붓도도며써그가지를내리게ᄒᆞ시니라

(集解)饒氏曰斯、語辭。此、言聖人、憫人安於暴棄、故、爲建學立師、以敎之、使之養其仁義禮智之性、如培壅木之根本、充其惻隱羞惡辭讓是非之端、與夫愛親敬兄忠君弟長之道、如發達木之支條也

(集說)此一節、言聖人、興學設敎之意

小學之方은 灑掃應對ᄒᆞ며 入孝出恭ᄒᆞ야 動罔或悖佩니 行有餘力이어든 誦詩讀書ᄒᆞ며 詠歌舞蹈ᄒᆞ야 思罔或逾ㅣ니라

●小學읫법은믈ᄲᅳ리고ᄡᅳᆯ며應ᄒᆞ며對ᄒᆞ며들어ᄂᆞᆫ효도ᄒᆞ고나ᄂᆞᆫ공경ᄒᆞ야움ᄌᆞ기매或도거슬ᄧᅳ게말올떠니行홈애남은힘이잇거든詩ᄅᆞᆯ외오며書ᄅᆞᆯ닐그며읇흐며노릐블으며춤추며발굴러ᄉᆞ려ᄅᆞᆯ或도넘디말올떠니라

(集解)罔、無也、悖、戾也、餘力、猶言暇日、手曰舞、足曰蹈、詠歌舞蹈、皆學樂之事、踰、越也、(增註)方、法也、饒氏曰此、言小學之方、必使學者、謹夫灑掃應對之節、入則愛其親、出則敬其長、凡所動作、無或悖戾乎此也、行此數者、而有餘力、則誦詩讀書、詠歌、以習樂之聲、舞蹈、以習樂之容、凡所思慮、無或踰越乎此也

(集說)此一節、言小學之敎

窮理修身은斯學之大니明命赫然ᄒᆞ야罔有內外ᄒᆞ니德崇業廣이라야
乃復(伏)其初ㅣ니昔非不足이어니今豈有餘ㅣ리오

●理ᄅᆞᆯ궁구ᄒᆞ며몸ᄋᆞᆯ닷금은이學의큰거시니ᄇᆞᆰ은命이赫然ᄒᆞ야안히며밧기잇디아니ᄒᆞ니德이놉고業이넙어야그처음의도라디리니녜도不足ᄒᆞᆫ거시아니어니이제엇디有餘ᄒᆞ리오

(集解)饒氏曰明命、卽天之所賦於人、而人之所得以爲性者也、赫然、明盛貌、德者、道之得於內者也、業者、功之成於外者也、復、還也、初、謂本然也、此、言格物致知、以窮究其理、誠意正心、以修治其身、此乃大學之道也、然、天之明命、赫然

昭著、無有內外之間、學者、誠能從事於大學、使、物格知至意誠心正身修、而德之積於內者、極乎崇高、業之施於外者、極乎廣博、則有以復其性之本然矣、昔日之安於暴棄也、此性、固非不足、今日之德崇業廣也、此性、亦非有餘、但昔爲氣禀物欲之所蔽、今則復其本然耳

(集說)此一節、言大學之敎

世遠人亡ᄒᆞ야經殘敎弛始ᄒᆞ야蒙養弗端ᄒᆞ고長益浮靡米ᄒᆞ야鄕無善俗ᄒᆞ며世乏良材ᄒᆞ야利欲紛挐女加切ᄒᆞ며異言喧豗灰ᄒᆞ니라

● 셰ᄃᆡ멀고셩인이업서經이헐야디고ᄀᆞᄅᆞ침이ᄑᆞ러디여어린제길옴이단졍티아니ᄒᆞ고ᄌᆞ라더옥부탕되며샤치ᄒᆞ야ᄆᆞ을헤됴흔풍쇽이업ᄉᆞ며셰샹애어딘인ᄌᆡ업서利欲이어ᄌᆞ러이잇글며다ᄅᆞᆫ말이들에여다이ᄌᆞ니라

(集解)饒氏曰人、謂聖人、經、六經也、端、正也、挐、牽引也、豗、相擊也、此、言自前世旣遠、聖人旣沒、六經、殘缺而敎法、亦廢弛矣、小學之敎、廢則自童蒙之時、而養之不以其正、大學之敎、廢則至年長而所習、日益輕浮華靡、是以、鄕無淳厚之習俗、世無粹美之人材、但見利欲之習、紛然而相牽引、異端之言、喧然而相攻擊也

(集說)此一節、言後世敎學不明之害

幸玆秉彝ㅣ極天罔墜라ㅣ爰輯集舊聞ᄒᆞ야 庶覺來裔以制切ᄒᆞ노니 嗟嗟小子아 敬受此書ᄒᆞ라 匪我言耄冒ㅣ라 惟聖之謨ㅣ시니라

● 幸혀이자밧ᄂᆞᆫ뎐뎐ᄒᆞᆫ거시하ᄂᆞᆯ히ᄆᆞᆺ도록ᄇᆞ려디미업ᄉᆞᆫ디라이예녜드론거ᄉᆞᆯ모도와거의오ᄂᆞᆫ후엣사ᄅᆞᆷ을ᄭᆡᄃᆞᆺ게ᄒᆞ노니슬프다小子아이글을공경ᄒᆞ야비호라내말이모황ᄒᆞᆫ줄이아니라오직셩인의ᄀᆞᄅᆞ치신거시니라

(集說)饒氏曰極、終也、極天罔墜、言、人之秉彝、萬古常存也、爰、於也、裔、衣襟之末、來裔、謂後學也、嗟嗟、歎辭、我、朱子自謂也、耄、老而昏也

(集說)此一節、言集小學開後學之意

原本小學集註總論

程子曰古之人自能食能言而敎之是故小學之法以豫爲先蓋人之幼也知思未有所主則當以格言至論日陳於前使盈耳充腹久自安習若固有之者後雖有讒說搖惑不能入也若爲之不豫及乎稍長意慮偏好生於內衆口辨言鑠於外欲其純全不可得已

朱子曰後生初學且看小學書那箇是做人底樣子

又曰修身大法小學書備矣義理精微近思錄詳之

又曰古人之學固以致知格物爲先然其始也必養之於小學則在乎灑掃應對進退之節禮樂射御書數之習而已聖賢開示後人進學門庭先後次序極爲明備

又曰古之敎者有小學有大學其道則一而已小學是事如事君事父兄等事大學是發明此事之理就上面講究委曲所以事君事親等事是如何

又曰古人由小學而進於大學其於灑掃應對進退之間持守堅定涵養純熟固已久矣大學之序特因小學已成之功

又曰古人於小學存養已熟根基已自深厚到大學只就上點化出些精采

又曰古人小學敎之以事便自養得他心不知不覺自好了到得漸長更歷通達事物將無所不能今人旣無本領只去理會許多閑汨董百方措置思索反以害心

又曰古人於小學自能言便有敎一歲有一歲工夫到二十來歲聖賢資質已自有三分了

大學只出治光彩而今都蹉過了不能更轉去做只據而今地頭便劄住立定脚跟做去如三十歲覺悟便從三十歲立定脚跟做去便年八九十歲覺悟亦當據現在劄住做去

或問某自幼旣失小學之序矣請授大學何如朱子曰授大學也須先看小學書只消旬月工夫

李周翰請敎屢歎年歲之高未免時文之累朱子曰這須是自見得某所編小學公宜仔細去看也有古人說話也有今人說話

或問某今看大學如小學中有未曉處亦要理會朱子曰相兼看不妨學者於文爲制度不可存終理會不得之心須立箇大規模都要理會得至於明暗則係乎人之才如何耳

陸氏 九淵 曰古者敎子弟自能言能食即有敎以至灑掃應對之類皆有所習故長大易言今人自小只敎做對稍大即敎作虛誕之文皆壞其性質也

呂氏 祖謙 曰後生小兒學問且須理會曲禮少儀儀禮等學灑掃應對進退之事及先理會爾雅訓詁等文字然後可以語上下學而上達自此脫然有得不如此則是躐等終不得成也

陳氏 淳 曰程子說主敬工夫可以補小學之闕蓋主敬可以收放心而立大本大本旣立然後大學工夫循序而進無往不通大抵主敬之功貫始終一動靜合內外 小學大學皆不可無也

又曰朱子小學書綱領甚好最切於日用雖至大學之成亦不外是

李氏方子曰先生年五十八編次小學書成以訓蒙士使培其根以達其支內篇曰立敎曰明倫曰敬身曰稽古外篇二取古今嘉言以廣之善行以實之雖已進乎大學者亦得以兼補之於後脩身大法此略備焉

眞氏德秀曰小學之書先載列女傳胎敎之法而繼以內則之文合二章觀之小學之敎畧備矣

許氏衡曰小學大義其略曰自始皇焚書以後聖人經籍不全無由考較古人爲學之次第班孟堅漢史雖說小學大學規模大畧然亦不見其間節目之詳也千有餘年學者各以己意爲學高者入於空虛卑者流於功利雖苦心極力博識多聞要之不背於古人者鮮矣近世新安朱文公以孔門聖賢爲敎爲學之遺意參以曲禮少儀弟子職諸篇輯爲小學之書其綱目有三立敎明倫敬身次稽古所以載三代聖賢已行之迹以實前篇立敎明倫敬身之言其外篇嘉言善行載漢以來賢者所言之嘉言所行之善行其綱目亦不過立敎明倫敬身也衍內篇之言以合外篇則知外篇者小學之枝流約外篇之言以合內篇則知內篇者小學之本源合內外而兩觀之則小學之規模節目無所不備矣

又曰小學之書吾信之如神明敬之如父母

原本小學篇目

内篇

明倫三十一章
敬身九章
通論三章
嘉言第五凡九十一章
外篇
廣立教十四章
廣明倫四十一章
廣敬身三十六章
善行第六凡八十一章
實立敬八章
實明倫四十五章
實敬身二十八章
內外篇凡三百八十六章

原本小學篇目 終

原本小學集註總目

立敎第一 凡一十三章

李氏 名未詳 曰首一章、立胎孕之敎、次二章、立保傅之傳、次五章、立學校君政之敎、後五章、立師弟子之敎

明倫第二 凡一百八章

明父子之親 凡三十九章

李氏曰首四章、明事親之禮、次六章、明凡爲人子之禮、次五章、明敬親命之禮、次五章、明廣愛敬之禮、次三章、明諫過之禮次二章、明侍養疾病之禮、次二章、明謹身之禮、次六章、明祭享大意、人之善、莫大於孝、故、次三章、皆言孝親之道、其不善、莫大於不孝、故、以後三章、警之於末焉

明君臣之義 凡二十章

李氏曰前十二章、明事君之禮、後八章、明爲臣之節

明夫婦之別 凡九章

李氏曰首五章、明婚姻之禮、次二章、明男女之別、次一章、明去取之義、終則以

寡婦之子、結之

明長幼之序 凡二十章

眞氏曰舜、命契、以敎五敎、不曰兄弟而曰長幼者、盖以宗族鄕黨、皆有長焉、非但同氣而已、李氏曰首二章、明敬兄之禮、次十八章、則明凡進退應對灑掃飮食燕射行坐之禮也

明朋友之交 凡十一章

朱子曰人之大倫、有五、聖賢、皆以爲天之所敍、然、今考之、惟父子兄弟、爲天屬而以人合者三焉、然、夫婦者、天屬之所由以續者也、君臣者、天屬之所賴以全者也、至若朋友者、則天屬之所賴以取正者也、故、欲君臣父子兄弟夫婦之間、交盡其道、而無悖、非有朋友、以責其善、輔其仁、其孰能使之然哉、故、朋友之於人倫、其勢、若輕而所繫、爲甚重、其分、若踈而所關、爲至親、其名、若小而所職、爲甚大、此、古之聖人、修道立敎、所以必重於此而不敢忽也、李氏曰首一章、明輔仁之職、次二章、明責善之義、次一章、言不可則止、次三章、明取友之義、次四章、明辭受賓主之儀

通論 凡九章

敬身第三 凡四十六章

明心術之要 凡十二章

李氏曰首一章、丹書之戒、以敬對怠而言、明敬有畏懼之義也、次曲禮一章、明敬乃禮之本、兼陳敬之目也、次論語六章、皆明涵養本原、而以敬爲主、次曲禮樂記論語三章、皆明特敬之功、終之以管子之言、則指畏之一字、爲切要工夫也

明威儀之則 凡二十一章

李氏曰首一章、明二十而冠、實威儀之始、次十八章、言當勉威儀之敬、而必戒其威儀之非敬者、終二章、則明威儀心術交相培養之禮也

明衣服之制 凡七章

李氏曰首一章、明既冠成人、加以盛服、服備、乃責以成德、次四章、明古人、致謹於衣服、如此、次一章、明未成人、不當加以成人之服、終一章、明不可恥惡衣食而忘心德之重也

明飲食之節 凡六章

稽古第四 凡四十七章

立教 凡四章

饒氏曰前二章、是母敎、後一章、是父敎、蓋母敎於幼時、故、先言之、父敎於旣長、故、後言之也

明倫 凡三十一章

李氏曰首十七章、明父子之親、次五章、明君臣之義、次四章、明夫婦之別、次三章、明長幼之序、後二章、明朋友之交

敬身 凡九章

李氏曰首三章、言心術、次二章、言威儀、次三章、言衣服、後一章、言飮食

通論 凡三章

饒氏曰首章、言敎以義方、論立敎也、又言六順六逆、則論立敎以明倫也、二章、言定命、論敬身也、末章、言敬愼威儀、論敬身也、又言君臣上下至朋友、則論敬身、以明倫也

嘉言第五 凡九十一章

廣立敎 凡十四章

李氏曰此篇、首以張子楊文公之說、所以防驕惰之病根、養良知良能之德性、次以二程子之說、使知經學念書、以致其知、灑掃進退、以篤其行、後十章、則凡立

志行己之事、皆所以廣立敎也

廣明倫凡四十一章

李氏曰首十四章、廣父子之親、次十章、廣君臣之義、次九章、廣夫婦之別、次三章、廣長幼之序、次三章、廣朋友之交、後二章、廣通論明倫之義

廣敬身凡三十六章

李氏曰首十六章、廣心術之要、次五章、廣威儀之則、次二章、廣衣食之制、後十三章、廣讀書爲學與異端之辨也

善行第六凡八十一章

實立敎凡八章

李氏曰首二章、實家庭之敎、次五章、實學校之敎、後一章、實師弟子之敎

實明倫凡四十五章

李氏曰首十章、實父子之親、次八章、實君臣之義、次五章、實夫婦之別、次十章實長幼之序、次一章、實朋友之交、後十一章、實通論明倫之義

實敬身凡二十八章

李氏曰首十四章、實心術之要、次七章、實威儀之則、次一章、實衣服之制、後六

章、實飮食之節

原本小學集註卷之一

建安何士信 集成
海虞吳訥 集解
姑蘇陳祚 正誤
天台陳選 增註
淳安程愈 集說

內篇

立敎第一이라

●ᄀᆞᄅᆞ침을셈이니ᄎᆞ례예ᄒᆞᆫ낫재라

(集解) 立、建也、敎者、古昔聖人、敎人之法也 凡十三章

子思子ㅣ 曰天命之謂性이오 率性之謂道ㅣ오 修道之謂敎ㅣ라ᄒᆞ시니 則(측)天明ᄒᆞ며 遵聖法ᄒᆞ야 述此篇ᄒᆞ야 俾爲師者로 知所以敎ᄒᆞ며 而弟子로 知所以學ᄒᆞ노라

●子思子ㅣ ᄀᆞᄅᆞ샤ᄃᆡ하ᄂᆞᆯ히命ᄒᆞ신거슬닐온性이오性을조ᄎᆞᆷ을닐온道ㅣ오道를닷그믈닐온敎ㅣ라ᄒᆞ시니하ᄂᆞᆯ블근 거슬법바ᄃᆞ며셩인의법을조차이篇을밍ᄀᆞᆯ아히여곰 스승된이로ᄡᅥ ᄀᆞᄅᆞ칠바ᄅᆞᆯ알게ᄒᆞ며 弟子로ᄡᅥ비홀바ᄅᆞᆯ알게ᄒᆞ노라

(集解)子思、孔子之孫、名伋、子思、其字也、下子字、後學、宗師先儒之稱、朱子曰命、猶令也、性、即理也、天以陰陽五行、化生萬物、氣以成形而理亦賦焉、猶命令也、於是、人物之生、因各得其所賦之理、以爲健順五常之德、所謂性也、率、循也、道、猶路也、人物、各循其性之自然、則其日用事物之間、莫不各有當行之路、是則所謂道也 修、品節之也、性道雖同而氣稟或異、故、不能無過不及之差、聖人、因人物之所當行者而品節之、以爲法於天下、則謂之敎、若禮樂刑政之屬、是也(增註)則、法也、天明、天之明命、即天命之性也、遵、循也、聖法、聖人之法、即修道之敎也、俾、使也、此篇所述、皆道之當然、原於天而立於聖人者也、師之所以敎、弟子之所以學、無有切於此者矣

列女傳에曰古者에婦人이妊(壬)子애寢不側(仄)ᄒᆞ며坐不邊ᄒᆞ며立不蹕(畢)ᄒᆞ며

(諺)列女傳애ᄀᆞ로ᄃᆡ녜겨집이ᄌᆞ식비여실제잘제기우리디아니ᄒᆞ며안ᄌᆞ매ᄀᆞ지디아니ᄒᆞ며셔매치ᄃᆞ듸디아니ᄒᆞ며

(集解)列女傳、漢、劉向所編、妊、娠(申)也、側、側其身也、邊、偏其身也、蹕、當作跛、謂偏任一足也

不食邪味ᄒᆞ며割不正이어든不食ᄒᆞ며席不正이어든不坐ᄒᆞ며

●샤득ᄒᆞᆫ마ᄉᆞᆯ먹디아니ᄒᆞ며버힌거시正티아니커든먹디아니ᄒᆞ며돗기正티아니커든안ᄯᅵ아니ᄒᆞ며

(集解)邪味、不正之味、割、切肉也、席、坐席也

目不視邪色ᄒᆞ며耳不聽淫聲ᄒᆞ고夜則令瞽古로誦詩ᄒᆞ며道正事ᄒᆞ더니라

●눈에샤득ᄒᆞᆫ빗출보디아니ᄒᆞ며귀예음난ᄒᆞᆫ소릐ᄅᆞᆯ듣디아니ᄒᆞ고 밤이어든쇼경으로히여곰모시ᄅᆞᆯ외오며正ᄒᆞᆫ일을니ᄅᆞ더니라

(集說)陳氏曰邪色、不正之色、淫聲、不正之聲、道、言也、正事、事之合禮者、(集解)瞽、無目、樂師也、詩、二南之類、正事、如二典之類

如此則生子애形容이端正ᄒᆞ며才過人矣리라

●이러ᄐᆞ시ᄒᆞ면ᄌᆞ식을나흠애얼굴이端正ᄒᆞ며지죄사ᄅᆞᆷ의게넘으리라

(集解)此、言、妊娠之時、當愼所感、感於善則善、感於惡則惡也、李氏曰人之有生、以天命之性、言之、純粹至善、本無有異、以氣質之性、言之、則不能無淸濁美惡之殊、淸乃智而濁乃愚、美乃賢而惡乃不肖、妊娠之初、感化之際、一寢、一坐、一立、一食、一視、一聽、實淸濁美惡之機括、智愚賢不肖之根柢也、爲人親者、其可忽慢而不敬畏哉

○內則(측)에曰凡生子애擇於諸母와與可者ᄒᆞ되必求其寬裕慈

慈溫良恭敬愼而寡言者ᄒᆞ야使爲子師ㅣ니라

● 內則에ᄀᆞ로ᄃᆡ믈읫ᄌᆞ식나흠애모든어미와다믓可ᄒᆞᆫ이ᄀᆞ ᆞ ᅵ오ᄃᆡ 반ᄃᆞ시그어그럽고누그러오며ᄌᆞ ᄒᆞ고인혜로오며온화ᄒᆞ고어딜며공슌ᄒᆞ고조심ᄒᆞ여삼가고말ᄉᆞᆷ젹으니ᄅᆞᆯ求ᄒᆞ이ᄒᆞ여곰ᄌᆞ식의ᄉᆞ승을삼을ᄯᅵ니라

(集說)陳氏曰內則、禮記篇名、言閨門之內軌儀可則也、諸母、衆妾也、可者、謂、雖非衆妾、而可爲子師者、寬裕、慈惠、溫良、恭敬、愼而寡言者、婦德之純也、故使之爲子師、以敎子焉、司馬溫公曰乳母不良、非惟敗亂家法、兼令所飼似子、類之

子能食食似ㅣ어든敎以右手ᄒᆞ며能言이어든男唯女兪ᄒᆞ며男鞶盤革이오女鞶絲ㅣ니라

● ᄌᆞ식이能히밥먹거든ᄀᆞᄅᆞ치되올ᄒᆞᆫ손으로ᄡᅥᄒᆞ게ᄒᆞ며能히말ᄒᆞ거든ᄉᆞ나ᄒᆡᄂᆞᆫ섈리ᄃᆡ답ᄒᆞ고겨집은느즉이ᄃᆡ답ᄒᆞ게ᄒᆞ며ᄉᆞ나ᄒᆡᄯᅴᄂᆞᆫ갓ᄎᆞ로ᄒᆞ고 겨집의ᄯᅴᄂᆞᆫ실로ᄒᆞᆯᄯᅵ니라

(集解)食、飯也、右手、取其便、男女、同也、唯、應之速、兪、應之緩、鞶、大帶也革、皮也、一說、鞶、小囊、盛帨巾者、男用皮、女用繒帛、皆有剛柔之義、男女、異也、司馬溫公曰子能言、稍有知、則敎以恭敬尊長、有不識尊卑長幼者、則嚴訶禁之、

(集成)顏氏家訓、曰敎、婦初來敎兒嬰孩、故、在謹其始、此其理也、若夫子之初生也、使之不知尊卑長幼之禮、遂至侮詈父母、歐擊兄姊、父母不知訶禁、反笑而奬之、彼旣未辨好惡、謂禮當然、及其旣長、習已成性、乃怒而禁之、不可復制、於是、父嫉其子、子怨其父、殘忍悖逆、無所不至、此蓋父母、無深識遠慮、不能防微杜漸、溺於小慈、養成其惡故也

六年이어든 **敎之數與方名**이니라

●여ᄉᆞᆺ히어든혬과다뭇방소일홈을ᄀᆞᄅᆞ칠띠니라

(集說)陳氏曰數、謂一十百千萬、方名、東西南北也

七年이어든 **男女**ㅣ **不同席**ᄒᆞ며 **不共食**이니라

●일굽히어든ᄉᆞ나ᄒᆡ와겨집이돗글ᄒᆞᆫ가지로아니ᄒᆞ며 먹기ᄅᆞᆯᄒᆞᆫᄃᆡ아니ᄒᆞᆯ띠니라

(集說)陳氏曰不同席而坐、不共器而食、敎之有別也

八年이어든 **出入門戶**와 **及卽席飮食**애 **必後長者**ᄒᆞ야 **始敎之讓**이니라

●여ᄃᆞᆲ히어든門과戶애나며들옴과밋돗긔나 아가며飮食홈애반ᄃᆞ시얼운의게후에ᄒᆞ야비로소ᄉᆞ양ᄒᆞ기ᄅᆞᆯᄀᆞᄅᆞ칠띠니라

(集說)陳氏曰耦曰門、奇曰戶、卽、就也、後長者、謂在長者之後也、讓、謙遜也、方氏、謂出入門戶、則欲其行之讓也、卽席、則欲其坐之讓也、飮食、則欲其食之讓也

九年이어든 敎之數上聲日이니라

●아홉히어든날혜기를ᄀᆞ르칠띠니라

(集說)陳氏曰數日、知朔望與六甲也

十年이어든 出就外傅ᄒᆞ야 居宿於外ᄒᆞ며 學書計하며 衣不帛襦儒 袴ᄒᆞ며 禮帥率初ᄒᆞ며 朝夕애 學幼儀호ᄃᆡ 請肄(이)簡諒이니라

●열히어든나밧스승의게나아가밧긔셔이시며자며글쓰기며산계랄배호며오살깁으로한옷과고의를아니ᄒᆞ며禮를처엄ᄆᆞᄅᆞᆫ친대로조차하며아참나조해어려서ᄒᆞ욜례모를비호ᄃᆡ간이ᄒᆞ고신실ᄒᆞᆫ일로請ᄒᆞ야니길띠니라

(集說)陳氏曰外傅、敎學之師也、書、謂六書、計、謂九數、襦、短衣、袴、下衣、不以帛、爲襦袴、爲其太溫也、禮帥初、謂行禮動作、皆循習初敎之方也、幼儀、幼事長之禮儀也、肄、習也、(集成)孔氏曰童子、未能致文故、姑敎之以簡、童子、未能擇信故、且使之守信、陸氏曰請習簡而易從、諒而易知之事

十有三年이어든學樂誦詩ᄒᆞ며舞勺ᄒᆞ고成童이어든舞象ᄒᆞ며學射御ㅣ니라

●열히오ᄯᅩ세히어든음악을비호며詩를외오며勺으로춤추고아히일거든象으로춤추며활ᄡᅩ기와어거ᄒᆞ기를비홀띠니라

(集說)吳氏曰樂、八音之器也、詩、樂歌之章也、勺、即酌、周頌、酌詩也、舞勺者、歌酌爲節而舞、文舞也、象、周頌、武詩也、舞象者、歌象、爲節而舞、武舞也、文舞、不用兵器、十三尙幼、故、舞文舞、成童、十五以上也、則稍長矣、故、舞武舞焉、(集解)張子曰古者、敎童子、先以舞者、欲柔其體也、心下則氣和、氣和則體柔、古者、敎胄子、必以樂者、欲其體和也、學者、志則欲立、體則欲和也

二十而冠(貫)ᄒᆞ야始學禮ᄒᆞ며可以衣(去聲)裘帛ᄒᆞ며舞大夏ᄒᆞ며惇行孝悌ᄒᆞ며博學不敎ᄒᆞ며內而不出이니라

●스믈이어든冠ᄒᆞ야비로소禮를비호며可히ᄡᅥ갓옷과깁을닙으며大夏로춤추며효도홈과공슌홈을돗타이行ᄒᆞ며너비비호고ᄀᆞᄅᆞ치디아니ᄒᆞ며속애두고내디아니홀띠니라

(集解)冠、加冠也、始學禮、以冠者、成人、兼習五禮也、裘、皮服、帛、繒帛、大夏、禹樂、樂之文武兼備者也、惇、厚也、博、廣也、不敎、恐所學未精、不可以爲師而敎人也、內而不出、言蘊蓄其德、美於中而不自表見其能也

三十而有室ᄒᆞ야始理男事ᄒᆞ며博學無方ᄒᆞ며孫(遜)友視志니라

●설혼이어든안ᄒᆡᄅᆞᆯ두어비로소ᄉᆞ나희일을다ᄉᆞ리며 너비ᄇᆡ화곧업시ᄒᆞ며벗을 손슌히ᄒᆞ되ᄯᅳᆺ을볼ᄯᅵ니라

(集觧)陳氏曰室、猶妻也、男事、受田給政役也、方、猶常也、遜友、順交朋友也、視志、視其志意所尙也、(增註)博學無常、惟善是師、遜友視志、惟善是取

四十에始仕ᄒᆞ야方物出謀發慮ᄒᆞ야道合則服從ᄒᆞ고不可則去ㅣ니라

●마ᄋᆞᆫ에비로소벼슬ᄒᆞ야일에마초와계교ᄅᆞᆯ내며 ᄉᆞ려ᄅᆞᆯ베퍼道ㅣ맛거든일올ᄒᆞ야좃고可티아니커든갈ᄯᅵ니라

(集說)朱子曰方、猶對也、物、猶事也、隨事謀慮也、(集解) 方氏曰服、謂服其事、從、謂從君也

五十에命爲大夫ᄒᆞ야服官政ᄒᆞ고七十에致事ㅣ니라

●쉰에命으로태우ㅣ되여구윗졍ᄉᆞᄅᆞᆯ맛다ᄒᆞ고일흔에일을도로드릴ᄯᅵ니라

(集說)陳氏曰服、猶任也、上言仕者、爲士、以事人、治官府之小事也、此言服官政者、爲大夫、以長人、與聞邦國之大事者也、致事、謂致還其職事於君也

女子ㅣ十年이어든不出ᄒᆞ며姆(무)ㅣ教婉(완)娩(만)聽從ᄒᆞ며執麻枲(시)ᄒᆞ며

治絲繭ᄒᆞ며織紝壬組祖紃巡ᄒᆞ야學女事ᄒᆞ야以共供衣服ᄒᆞ며觀於祭祀ᄒᆞ야納酒漿籩豆菹臻魚切醢海ᄒᆞ야禮相去聲助奠이니라

●겨집이열히어든나ᄃᆞᆫ니디아니ᄒᆞ며 姆ㅣ유슌히 드러좃ᄎᆞ며삼과ᄯᅳᆨ삼올잡ᄃᆞᆯ며실과고티를다ᄉᆞ리며명디깁을ᄧᆞ며다회ᄧᅡ겨집의 일올비화ᄡᅧ衣服올장만ᄒᆞ며祭祀에보ᅀᆞᆯ펴술과촛믈과대그릇과나모 그릇과딤ᄎᆡ와저ᅀᆞᆯ드려禮로도와버리기를도옴올ᄆᆞᄅᆞ칠띠니라

(集說)陳氏曰不出、常處於閨門之內也、姆、女師也、婉、謂言語、娩、謂容貌、司馬公云、柔順貌、此、敎以女德也、枲、麻之有子者、執麻枲、績事也、治絲繭、蠶事也、紝、繒帛之屬、組、亦織也、紃、似絛、古人、以置諸冠服縫中者、此、敎之學女事也、納、進也、漿、醋水、竹曰籩、木曰豆、淹菜曰菹、肉醬曰醢、奠、薦也、禮相助奠、謂以禮相長者而助其奠、此、敎以祭祀之禮也、(集解)司馬温公曰女子、六歲、可習女工之小者、七歲、誦孝經論語列女傳之類、畧曉大意、蓋古之賢女、無不觀圖史、以自鑑戒、如蠶桑績織裁縫飮食之類、不惟正是其職、盖必敎之早習、使知衣食所來之艱難、而不敢爲奢靡焉、若夫纂繡華巧之物、則不必習也、愚、謂小學之道、在於早、諭敎、蓋非唯男子爲然、而女子、亦莫不然也、故、自能言、卽敎之以應對之緩、七年、卽敎以男女異席、而早其別、八年、卽敎以出入飮食之讓、至于十歲、則使不出閨門、朝夕聽受姆師之敎、敎以女德、敎以女工、敎以相助祭祀之禮、凡所聞見、無一不出于正、而柔順貞靜之德、成矣、迨夫旣笄而嫁故、能助相君子而宜其家人、豐城朱氏、所謂、孝不衰於舅姑、敬不違於夫子、慈不遺於卑幼、義不咈於夫之兄弟、而家道成矣、世變日下、習俗日靡、閨門之內、至或敎之習俗樂攻歌曲 以蕩其思、治纂組事華靡、以壞其質 養成驕恣妬悍之性、以敗人之家、殄人之世者、多矣、嗚呼、配匹之際、生民之始、萬福之原、爲人父母 可不戒哉

十有五年而笄(雞)ᄒᆞ고 **二十而嫁**ㅣ니 **有故**ㅣ어든 **二十三年而嫁**ㅣ니라

●열히오또다ᄉᆞᆺ히어든빈혀곳고스믈히어든嫁ᄒᆞᆯ띠니연고잇거든스믈세힌히예嫁ᄒᆞᆯ띠니라

(集說)陳氏曰笄、簪也、婦人、不冠、以簪固髻而已、故、曰笄、故、謂父母之喪

聘則爲妻ㅣ오 **奔則爲妾**이니라

●聘례로ᄒᆞ면안해되고그저가면妾이되ᄂᆞ니라

(集解)妻之爲言、齊也、以禮聘問、而得與夫、敵體也、奔、趨也、妾之爲言、接也、得接見君子、而不得伉 抗儷 例也、○奔、非失禮、只是分卑耳

○**曲禮**예 **曰幼子**를 **常視毋**(無)**誑**(古況切)ᄒᆞ며 **立必正方**ᄒᆞ며 **不傾聽**이니라

●曲禮예ᄀᆞᆯ오ᄃᆡ어린ᄌᆞ식을샹해소기디말며셔매반ᄃᆞ시방소를正히ᄒᆞ며기우려듯디마롬으로뵐ᄯᅵ니라

(集解)曲禮、禮記篇名、言其節目之委曲也 視、與示同、毋、禁止辭、誑、欺也、常示之以不可欺誑者、習於誠也、立必正方、不傾聽者、習於正也、(增註)正方、謂正向一方、傾聽、謂側耳以聽、(集成)程子曰自幼子常視毋誑以上、皆是敎以聖人言動

○學記에 曰古之敎者ㅣ家有塾ᄒᆞ며 黨有庠ᄒᆞ며 術有序ᄒᆞ며 國有學이니라

●學記에ᄀᆞᆯ오ᄃᆡ녜ᄀᆞᄅᆞ치던이집의塾이이시며黨애庠이이시며州에序ㅣ이시며나라히學이잇더니라

(集解)學記、禮記篇名、陳氏、謂、古者、二十五家、爲閭、同在一巷、巷首有門、門側有塾、民在家者、朝夕受敎於塾也、五百家、爲黨、黨之學曰庠、敎閭塾所升之人也、術、當爲州、二千五百家、爲州、州之學曰序、敎黨學所升之人也、天子所都及諸侯國中之學、謂之國學、以敎元子衆子、及卿大夫士之子、與所升俊選之士焉、程子曰古者、家有塾、黨有庠、遂有序、蓋未嘗有不入學者、八歲、入小學、十五、擇其俊秀者、入大學、不可敎者、歸之于農、三老、坐於里門、出入、察其長幼進退揖

讓之序、觀其所習、安得不厚也

○孟子ㅣ曰人之有道也에 飽食暖衣ᄒᆞ야 逸居而無教ㅣ면 則近於禽獸ㅣ릴셔 聖人이 有憂之ᄒᆞ샤 使契薛로 爲司徒ᄒᆞ샤 教以人倫ᄒᆞ시니 父子有親ᄒᆞ며 君臣有義ᄒᆞ며 夫婦有別ᄒᆞ며 長幼有序ᄒᆞ며 朋友有信이니라

●孟子ㅣᄀᆞᆯᄋᆞ샤ᄃᆡ사ᄅᆞᆷ이道ㅣ이시매먹기를ᄇᆡ브ᄅᆞᄒᆞ며오ᄉᆞᆯ덥게ᄒᆞ야편안히잇고ᄀᆞᄅᆞ침이업스면곧즘승에갓가오릴ᄉᆡ聖人이근심홈을두샤 契로ᄒᆡ여곰司徒를ᄒᆡ이샤ᄀᆞᄅᆞ치되人倫으로ᄡᅥᄒᆞ시니아비와아ᄃᆞᆯ이親홈이이시며 님금과신해義ㅣ이시며남진과겨집이ᄀᆞᆯᄒᆡ요미이시며얼운과져므니 ᄎᆞ례이시며벋이믿븜이이심이니라

(增註)孟子、名軻、字子輿、聖人、謂堯也、契、臣名也、司徒、官名、(集解)朱子曰人之有道、言其皆有秉彝之性也、倫、序也、然、無教則亦放逸怠惰而失之、故、聖人、設官而教以人倫、亦因其固有者而導之耳

○舜이 命契曰百姓이 不親ᄒᆞ며 五品이 不遜일서 汝作司徒ㅣ니 敬敷五教호ᄃᆡ 在寬ᄒᆞ라

●舜이 契을命ᄒᆞ야ᄀᆞᆯᄋᆞ샤ᄃᆡ 百姓이親티아니ᄒᆞ며 五品이슌티아니ᄒᆞᆯᄉᆡ네司徒

ㅣ되연ᄂᆞ니다ᄉᆞᆺ가지ᄀᆞᄅᆞ침을공경ᄒᆞ야베프되어그러우매이셔ᄒᆞ라

(集說)吳氏曰舜、虞帝名、契、卽上章堯所命之臣也、五品、父子、君臣、夫婦、長幼、朋友、五者之名位等級也、遜、順也、敬、謂敬其事、敷、布也、五敎、謂以上五者當然之理、而爲敎令也、百姓、不相親睦、五品、不相遜順故、舜命契、仍爲司徒、使之敬以敷敎、而又寬裕以待之也

命夔曰命汝典樂ᄒᆞ노니 敎胄子호ᄃᆡ 直而溫ᄒᆞ며 寬而栗ᄒᆞ며 剛而無虐ᄒᆞ며 簡而無傲ㅣ니 詩는 言志오 歌는 永言이오 聲은 依永이오 律은 和聲이니 八音克諧ᄒᆞ야 無相奪倫이라야 神人以和ᄒᆞ리라

●夔ᄅᆞᆯ命ᄒᆞ야ᄀᆞᆯᄋᆞ샤ᄃᆡ너ᄅᆞᆯ命ᄒᆞ야음악울ᄀᆞ옴알게ᄒᆞ노니胄子ᄅᆞᆯᄀᆞᄅᆞ치되곧으되온화케ᄒᆞ며어그러오되싁싁게ᄒᆞ며剛호ᄃᆡ모ᄃᆡᄃᆡ말게ᄒᆞ며簡호ᄃᆡ오만티말게홀ᄯᅵ니詩ᄂᆞᆫᄯᅳᆮ을닐은거시오놀애ᄂᆞᆫ말을기리혀ᄂᆞᆫ거시오소리ᄂᆞᆫ기리혀믈의지ᄒᆞᄂᆞᆫ거시오律은소리ᄅᆞᆯ고ᄅᆞ게ᄒᆞᄂᆞᆫ거시니여ᄃᆞᆲ가지소리능히골라서로차례ᄅᆞᆯ앗디아니ᄒᆞ여야귀신과사ᄅᆞᆷ이ᄡᅥ和ᄒᆞ리라

(集解)夔、舜臣名、胄、長也、胄子、謂自天子至卿大夫之適子也、栗、莊敬也、無虐、無傲、二無字、與毋同、聲、五聲、宮、商、角、徵、羽也、律、十二律、黃鍾、大蔟、

姑洗、鮮上聲 蕤如追反 賓、夷則、無射亦、陽律也、大呂、夾鍾、中呂、林鍾、南呂、應鍾、陰律也、八音、金、石、絲、竹、匏、土、革、木也、蔡氏曰凡人、直者、必不足於溫、故欲其溫、寬者、必不足於栗、故欲其栗、所以慮其偏而輔翼之也、剛者、必至於虐、故欲其無虐、簡者、必至於傲、故欲其無傲、所以防其過而戒禁之也、敎胄子者、欲其如此而其所以敎之之具、則專在於樂、盖樂、可以養人中和之德、而救其氣質之偏也、心之所之、謂之志、心有所之、必形於言、故曰詩、言志、旣形於言、必有長短之節、故曰歌、永言、旣有長短、則必有高下淸濁之殊、故曰聲、依永、旣有長短淸濁、則又必以十二律、和之、乃能成文而不亂、所謂律、和聲也、人聲旣和、乃以其聲、被之八音、而爲樂則無不諧協而不相侵亂、失其倫次、可以奏之朝廷、薦之郊廟、而神人以和矣、聖人、作樂、以養情性、育人材、事神祇、和上下、其體用功效、廣大深切、乃如此、今皆不復見矣、可勝嘆哉

○周禮에 大司徒ㅣ以鄕三物로 敎萬民而賓興之ᄒᆞ니

●周禮예 大司徒ㅣ 鄕애 세가지일로ᄡᅥ 萬民을 ᄀᆞᄅᆞ쳐 손례로 ᄒᆞ야 거쳔ᄒᆞ니

(集說)陳氏曰周禮、周公所著、實周家一代之禮也、大司徒、敎官之長也、萬二千五百家、爲鄕、朱氏也物、猶事也、興、猶擧也、三事告成、鄕大夫、擧其賢能、而以禮賓之

一曰六德이니知(智)仁聖義忠和ㅣ오

●ᄒᆞᆫ낟재ᄀᆞᆯ온여ᄉᆞᆺ가짓德이니디혜로옴과인ᄌᆞ홈과통달홈과일에맛당홈과튱신홈과화평홈이오

(集說)朱氏曰六者、出於心、故曰德、知、別是非、仁、無私欲、聖、無不通、義、有斷制、盡己之心曰忠、無所乖戾曰和、(集解)此六者、雖不容驟語於初學、然、不先有以敎之、識其準的、則亦將何以立志哉

二曰六行(去聲)이니孝友睦婣(이)任(去聲)恤이오

●둘재ᄀᆞᆯ온여ᄉᆞᆺ가짓힝실이니부모효도홈과형뎨ᄉᆞ랑홈과동셩권당친히홈과이셩권당친히홈과벗의게믿븜과가난훈이에엳비너김이오

(集說)朱氏曰六者、體之於身、故曰行、(集解)孝、謂善事父母、友、謂善於兄弟、睦、謂親於九族、婣、謂親於外親、任、謂信於朋友、恤、謂賑於憂貧也

三曰六藝ㅣ니禮樂射御書數ㅣ니라

●셋재ᄀᆞᆯ온여ᄉᆞᆺ가짓지죄니례절과음악과활ᄡᅩ기와어거ᄒᆞ기와글ᄡᅳ기와산계홈이니라

(集說)藝者、見之於事者也、禮、凡有五、一曰吉禮、事邦國之鬼神祇、其目、十有二、以禋祀、祀昊天、以實柴、祀日月星辰、以槱燎、祀司中、司命、風師 雨師、以皿

祭、祭社稷、五祀、五嶽、以貍沈、祭山林川澤、以疈辜、祭四方百物、以肆獻祼、享
先王、以饋食、享先王、與夫春享以祠、夏享以禴、秋享以嘗、冬享以烝也、二曰凶
禮、哀邦國之憂、其目、有五、以喪禮、哀死亡、以荒禮、哀凶札、以吊禮、哀禍灾、以
禬禮、哀圍敗、以恤禮、哀寇亂也、三曰賓禮、親邦國、其目、有八、春見曰朝、夏見曰
宗、秋見曰覲、冬見曰遇、時見曰會、殷見曰同、時聘曰問、殷頫曰視也、四曰軍禮、
同邦國、其目、有五、大師之禮、用衆也、大均之禮、恤衆也、大田之禮、簡衆也、大
役之禮、任衆也、大封之禮、合衆也、五曰嘉禮、親萬民、其目、有六、以飮食之禮、
親宗族兄弟、以昏冠之禮、親成男女、以賓射之禮、親故舊朋友、以燕饗之禮、親四
方賓客、以脤膰之禮、親兄弟之國、以賀慶之禮、親異姓之國也、樂凡有六、一曰雲
門、黃帝之樂、言其德、如雲之所出也、二曰咸池、帝堯之樂、言其德、無所不在也、
三曰大韶、帝舜之樂、言其德、能紹堯之道也、四曰大夏、大禹之樂、言其德、能大
中國也、五曰大濩、成湯之樂、言能以寬治民、其德、能使天下得所也、六曰大武、
武王之樂、言能伐紂除害、其德、能成武功也、射凡有五、一曰白矢、言矢貫侯、
見其鏃白也、二曰參連、言前發一矢、後三矢、連續而去也、三曰剡注、謂羽頭高鏃
低而去、剡剡然也、四曰襄尺、襄、作讓、謂臣與君射、不敢並立、讓君一尺而退
也、五曰井儀、謂四矢、貫侯、如井之容儀也、御凡有五、一曰鳴和鸞、和與鸞、皆
鈴也、和在式、鸞在衡、馬動則鸞鳴而和應也、二曰逐水曲、言、御車、隨水勢之屈

曲而不墜也、三曰過君表、謂君表轅門之類、言急驅車走而入門、若少偏則車軸、擊門闑而不得入也、四曰舞交衢、謂御車在交道、旋轉、應於舞節也、五曰逐禽左、謂逆驅禽獸使左、當人君以射之也、書凡有六、一曰象形、謂日月之類、象以形體也、二曰會意、謂人言爲信、止戈爲武、會人之意也、三曰轉注、謂考老之類文意相受、左右轉注也、四曰處事、謂人在一上、爲上、人在一下、爲下、處得其宜也、五曰假借、謂令長之類、一字兩用也、六曰諧聲、謂江河之類、以水爲形、工可爲聲也、數凡有九、一曰方田、以御田疇界域、二曰粟布、以御交貿變易、三曰衰分、以御貴賤廩稅、四曰少廣、以御積冪冪方圓、五曰商功、以御功程積實、六曰均輸、以御遠近勞費、七曰盈朒（女六反）、以御隱雜互見、八曰方程、以御錯揉正負、九曰句股、以御高深廣遠也、(增註)禮以制中、樂以道和、射以觀德行、御以正馳驅、書以見心畫、數以盡物變、皆至理所寓、而日用不可缺者也

以鄕八刑으로 糾萬民ᄒᆞ니 一은 曰不孝之刑이오 二曰不睦之刑이오 三曰不婣之刑이오 四曰不弟(去聲)之刑이오 五曰不任之刑이오 六曰不恤之刑이오 七曰造(皂)言之刑이오 八曰亂民之刑이니라

●鄕애 여듧 형벌로 써 萬民을 고찰ᄒᆞ니 ᄒᆞ낫재는 ᄀᆞᆯ온 효도아니 ᄒᆞ는 형벌이오 둘재

ᄂᆞᆫᄀᆞᆯ온동셩권당친히아니ᄒᆞᄂᆞᆫ형벌이오셋재ᄂᆞᆫᄀᆞᆯ온이셩권당친히아니ᄒᆞᄂᆞᆫ형벌이오넷재ᄂᆞᆫᄀᆞᆯ온얼운의게공슌티아니ᄒᆞᄂᆞᆫ형벌이오다ᄉᆞᆺ재ᄂᆞᆫᄀᆞᆯ온벗의게밋버아니ᄒᆞᄂᆞᆫ형벌이오여ᄉᆞᆺ재ᄀᆞᆯ온가난ᄒᆞᆫ이어엿비여기디아니ᄒᆞᄂᆞᆫ형벌이오닐굽재ᄂᆞᆫᄀᆞᆯ온말지어내ᄂᆞᆫ형벌이오여ᄃᆞᆲ재ᄂᆞᆫᄀᆞᆯ온ᄇᆡ셩어즈러이ᄂᆞᆫ형벌이니라

(增註)糾、謂、察而正之、造言、造爲妖妄之言也、亂民、挾邪道以惑民也、(集成)賈氏曰此不悌、卽六行之友、上文、言友在睦婣之上、專施於兄弟、此、變言弟、退在睦婣之下、兼施於師長、鄭氏曰制刑之意、終不爲卑者而罪其長、故、六行則敎兄以友、而制刑則謂之不悌、使少者、不敢陵長也

○王制예曰樂正이崇四術立四敎ᄒᆞ야順先王詩書禮樂ᄒᆞ야以造士ᄒᆞ되春秋에敎以禮樂ᄒᆞ고冬夏애敎以詩書ㅣ니라

●王制예ᄀᆞᆯ오ᄃᆡ樂正이네가짓術을슝샹ᄒᆞ야네가짓ᄀᆞᄅᆞ치ᄆᆞᆯ세워先王의詩와書와례와음악을조차ᄡᅥ션비를일워내요ᄃᆡ봄과ᄀᆞ을히ᄂᆞᆫ례도와음악으로ᄡᅥᄀᆞᄅᆞ치고겨을과녀름에ᄂᆞᆫ詩와書로ᄡᅥᄀᆞᄅᆞ치더니라

(集說)吳氏曰王制、禮記篇名、樂正、掌敎之官、崇、尙也、術者、道路之名、言詩書禮樂、四者之敎、乃入德之路、故言術也、順、依也、造、成也、陳氏曰古人之敎、雖曰四時 各有所習、其實、亦未必截然棄彼而習此、恐亦互言耳、非春秋、不可敎詩

書、冬夏、不可敎禮樂也

○弟子職에曰先生施敎ㅣ어시든弟子是則(측)ᄒᆞ야溫恭自虛ᄒᆞ야所受是極이니라

●弟子職에골오ᄃᆡ先王이ᄀᆞᄅᆞ치믈베프거시든弟子ㅣ이예법바다온화ᄒᆞ며공손ᄒᆞ야스ᄉᆞ로허심ᄒᆞ야비호ᄂᆞᆫ바ᄅᆞᆯ이예극진히홀띠니라

(集說)陳氏曰弟子職、管仲篇名、管仲、所著者、先生、師也、曰弟子者、尊師、如父兄也、則、效也、溫、和也、恭、遜也、自虛、心不自滿也、○吳氏曰虛其心、使有所容也、朱子曰所受是極、謂受業、須窮究道理、到盡處也

見善從之ᄒᆞ며聞義則服ᄒᆞ며溫柔孝弟ᄒᆞ야毋(無)驕恃力이니라

●어딘일을보고조ᄎᆞ며맛당ᄒᆞᆫ일을드러든힝ᄒᆞ며온공ᄒᆞ며유화ᄒᆞ며효도ᄒᆞ며공슌ᄒᆞ야교만ᄒᆞ야힘을믿지마롤띠니라

(增註)服、猶行也、

志毋虛邪ᄒᆞ며行(去聲)必正直ᄒᆞ며游居有常호ᄃᆡ必就有德이니라

●ᄠᅳᆮ을거즛되고샤곡히말며힝실을반ᄃᆞ시正ᄒᆞ고곧게ᄒᆞ며놀며이심을덛덛혼곳올두되반ᄃᆞ시德을둔ᄂᆞᆫᄃᆡ나아갈띠니라

(增註)心之所之、謂之志、處、謂處僞、身之所行、謂之行、常、謂常所

顔色整齊ᄒᆞ면中心必式ᄒᆞᄂᆞ니夙興夜寐ᄒᆞ야衣帶必飭赤이니라

●ᄂᆞᆺ빗ᄎᆞᆯ整齊ᄒᆞ면속ᄆᆞ옴이반ᄃᆞ시공경ᄒᆞᄂᆞ니일닐고밤들거든자옷과 ᄯᅴ를반ᄃᆞ시졍졔ᄒᆞᆯᄯᅵ니라

(集解)整齊、脩治嚴肅之貌、式、敬也、(增註)夙、早、飭、整也

朝益暮習ᄒᆞ야小心翼翼이니一此不懈ㅣ是謂學則(측)이니라

●아ᄎᆞᆷ의더빅호고나조히니겨ᄆᆞ옴을젹게ᄒᆞ야공경ᄒᆞᆯᄯᅵ 니이예ᄒᆞᆫ골가ᄐᆞ ᄒᆞ야게을리아니홈이이닐온비호ᄂᆞᆫ법이니라

(集解)益、增也、翼翼、恭敬貌、言、爲弟子者、當專一從事於此而不怠、是謂爲學之法矣、愚、按此篇、明白簡要、實弟子職之所當務、且終篇、惓惓然以敬爲言、豈非當時、先王篇風善敎、猶有存者、管子、其有所受歟、學者、宜深體之

○孔子ㅣ曰弟子ㅣ入則孝ᄒᆞ고出則弟ᄒᆞ며謹而信ᄒᆞ며汎愛衆호ᄃᆡ而親仁이니行有餘力이어든則以學文이니라

●孔子ㅣᄀᆞᆯᄋᆞ샤ᄃᆡ弟子ㅣ드러ᄂᆞᆫ곧효도ᄒᆞ고나ᄂᆞᆫ곧공슌ᄒᆞ며삼가 고믿버ᄒᆞ며모든사ᄅᆞᆷ을너비ᄉᆞ랑호ᄃᆡ仁ᄒᆞᆫ이를親히ᄒᆞᆯᄯᅵ 니行홈애 남은힘이잇거든 곧ᄡᅥ글을비

홀띠니라

(集說)朱子曰謹者、行(去聲)之有常也、信者、言之有實也、汎、廣也、衆、謂衆人、親、近也、仁、謂仁者、餘力、猶言暇日、以、用也、文、謂詩書六藝之文、程子曰爲弟子之職、力有餘則學文、不脩其職而先文、非爲己之學也

○興於詩ᄒᆞ며

●詩에흥괴ᄒᆞ며

(增註)此章之首、當有孔子曰三字、而略之者、蒙上章也、他皆倣此、(集解)朱子曰興、起也、詩本性情、有邪有正、其爲言、旣易知而吟咏之間、抑揚反覆、其感人、又易入故、學者之初、所以興起、其好善惡惡之心、而不能自已者、必於此而得之

立於禮ᄒᆞ며

●禮예셔며

(集解)朱子曰禮、以恭敬辭遜、爲本而有節文度數之詳、可以固人肌膚之會、筋骸之束故、學者之中、所以能卓然自立、而不爲事物之所搖奪者、必於此而得之

成於樂이니라

●음악에이ᄂᆞ니라

(集說)朱子曰樂、有五聲十二律、更唱迭和、以爲歌舞八音之節、可以養人之性情而蕩滌其邪穢、消融其查滓故、學者之終、所以至於義精仁熟、而自和順於道德者、必於此而得之、是、學之成也、又曰按內則、十歲、學幼儀、十三、學樂誦詩、二十而後學禮、則此三者、非小學傳授之次、乃大學終身所得之難易先後淺深也

○樂記예曰禮樂은不可斯須去身이니라

●樂記에골오ᄃᆡ禮와樂은可히저근덛도몸에덥내디몯홀꺼시니라

(集說)吳氏曰樂記、禮記篇名、斯須、暫時也去、離(去聲)也、眞氏曰古之君子、以禮樂、爲治身心之本、故、斯須不可去之

○子夏ㅣ曰賢賢호ᄃᆡ易色ᄒᆞ며事父母호ᄃᆡ能竭其力ᄒᆞ며事君호ᄃᆡ能致其身ᄒᆞ며與朋友交호ᄃᆡ言而有信이면雖曰未學이나吾必謂之學矣로리라

●子夏ㅣ골오ᄃᆡ어딘이를어딜이너교ᄃᆡ色도히너김으로밧고아ᄒᆞ며父母를셤기되能히그힘을다ᄒᆞ며님금을셤기되能히그몸을브리며벋과더브러사괴되말ᄉᆞᆷ홈애믿븜이이시면비록골오되ᄒᆞᆨ문을몯ᄒᆞ엿다ᄒᆞ나나ᄂᆞᆫ반ᄃᆞ시ᄒᆞᆨ문을ᄒᆞ엿다닐오리라

(集解)朱子曰子夏、孔子弟子、姓卜、名商、賢人之賢、而易其好色之心、好善有誠

也、致、猶委也、委致其身、謂不有其身也、四者、皆人倫之大者、而行之必盡其誠、學求如是而已、故、子夏、言有能如是之人、苟非生質之美、必其務學之至、雖或以爲未嘗爲學、我必謂之已學也

原本小學集註卷之一

原本小學集註卷之二

內篇

明倫第二라

●인륜을 ᄇᆞᆰ힘이니 ᄎᆞ례예 둘재라

(集說) 陳氏曰 明、明之也、倫、人倫也、凡百八章

孟子ㅣ曰設爲庠序學校ᄒᆞ야 以敎之는 皆所以明人倫也ㅣ라ᄒᆞ시니 稽聖經ᄒᆞ며 訂(丁定切)**賢傳**(去聲)**ᄒᆞ야 述此篇ᄒᆞ야 以訓蒙士ᄒᆞ노라**

●孟子ㅣᄀᆞᄅᆞ샤ᄃᆡ 庠과 序와 學과 校ᄅᆞᆯ 베퍼밍ᄀᆞ라 ᄡᅥ ᄀᆞᄅᆞ치문 다 ᄡᅥ 人倫을 ᄇᆞᆰ히논배라 ᄒᆞ시니 셩인의 經을 샹고ᄒᆞ며 현인의 傳을 증뎡ᄒᆞ야 이 篇을 밍ᄀᆞ라 ᄡᅥ 어린 션비ᄅᆞᆯ ᄀᆞᄅᆞ치노라

(集說) 朱子曰 庠、以養老爲義、序、以習射爲義、校、以敎民爲義、皆鄕學也、學、國學也、倫、序也、父子有親、君臣有義、夫婦有別、長有幼序、朋友有信、此、人之大倫也、庠序學校、皆以明此而已、吳氏曰 稽、考也、訂、平議也

內則(측)**에 曰子ㅣ事父母ᄒᆞᄃᆡ 鷄初鳴이어든 咸盥**(管)**漱ᄒᆞ며 櫛**(즐)(側瑟切)**縰**(洒)**笄**(雞)**總ᄒᆞ며 拂髦**(毛)**冠緌**(유)(如追切)**纓ᄒᆞ며 端韠**(畢)**紳ᄒᆞ며 搢**(晉)**笏ᄒᆞ며 左右佩用ᄒᆞ며**

偪(逼)屨(句)著綦(忌)니라

●內則에ᄀᆞᆯ오ᄃᆡ ᄌᆞ식이父母를셤기되ᄃᆞᆰ이처엄울거든다 셰슈ᄒᆞ고양지믈ᄒᆞ며머리빗고縰ᄒᆞ고빈혀곳고總ᄒᆞ며髦를벗며冠쓰고ᄭᆞᆫ홀드리우며 현단닙고韠미고큰ᄯᅴᄯᅴ며笏고ᄌᆞ며왼녁히며올ᄒᆞᆫ녁에ᄲᅳᆯ것ᄎᆞ며힝뎐미고신신고ᄭᆞᆫ홀밀ᄯᅵ니라

(集解) 司馬溫公曰孫事祖父母、同、(集說) 陳氏曰盥、洗手也、漱、漱口也、櫛、梳也、縰、韜髮作髻者、黑繒(音曾 絹也)爲之、笄、簪也、總、束髮飾髻者、亦繒爲之、拂髦、謂拂去髦上之塵、緌者、纓之餘、纓者、冠之系、端、玄端服也、韠、蔽膝也、紳、大帶也、搢、揷也、揷笏於大帶、所以記事也、左右佩用、謂身之兩旁、佩紛帨玦決捍汗之類、以備用也、偪、邪偪也、纏足至膝者、屨、鞋也、著、猶結也、綦、鞋口帶也、在首則櫛髮、加縰、加笄、加總、加髦、著冠、結纓、垂緌、在身則服玄端、著韠、加紳、搢笏、佩用、在足則縛篆偪、納屨、著綦、各以次第施之、劉氏曰髦、謂子生三月、則剪其胎髮爲鬌朶、帶之于首、男左、女右、逮其冠笄也、則綵飾之、加于冠、不忘父母生育之恩也、父母、喪則去之

婦ㅣ事舅姑호ᄃᆡ如事父母ᄒᆞ야鷄初鳴이어든 咸盥漱ᄒᆞ며 櫛縰笄總ᄒᆞ며衣紳ᄒᆞ며左右佩用ᄒᆞ며衿(금 臣禁切)纓綦屨ㅣ니라

●며놀이舅姑를셤기되父母셤김ᄀᆞ티ᄒᆞ야 ᄃᆞᆰ아처엄울거든다셰슈ᄒᆞ고양짓믈ᄒᆞ며머리빗고縱ᄒᆞ고빈혀곳고總ᄒᆞ며옷닙고ᄯᅴᄯᅴ며왼녁히며 올ᄒᆞᆫ녁히ᄡᆞᆯ것ᄎᆞ며향ᄂᆞᆫ못신믜며신을신밀며니라

(集說)陳氏曰夫之父曰舅、夫之母曰姑、衣紳、著衣而加紳也、佩用、紛帨箴針同管之類、管以貯針衿、結也、纓、香囊也、恐身有穢氣、觸尊者故、佩之

以適父母舅姑之所호ᄃᆡ 及所ᄒᆞ얀 下氣怡聲ᄒᆞ야 問衣燠郁 寒ᄒᆞ며 疾痛苛何癢養애 而敬抑搔之ᄒᆞ며 出入則或先或後ᄒᆞ야 而敬扶持之니라

●ᄡᅥ父母와舅姑겨신곧애가되곧애밋처긔운을ᄂᆞᄌᆞ기ᄒᆞ며소리를화열히ᄒᆞ야오시더우며치움을묻ᄌᆞ오며알파ᄒᆞ시며ᄀᆞ랴와ᄒᆞ심애공경ᄒᆞ야답허보며긁ᄉᆞ오며나며들으실적이어든혹압서며혹뒤서공경ᄒᆞ야븓잡을띠니라

(集解)適、往也、所、寢室也、下氣、低下其氣而不盈也、怡聲、怡悅其聲而不厲也、燠、熱也、問衣若燠、則將減之使凊也、寒、冷也、問衣若寒、則將加之使温也、苛、疥也、抑、按也、搔、爬也、疾痛則敬而按之、苛癢則敬而爬之、出入則或先或後、以扶持之、皆不離於敬也、(集成)劉氏曰皆所以撫恤衰病、而一出於敬也

進盥시홀 少者는 奉槃ᄒᆞ고 長者는 奉水ᄒᆞ야 請沃盥ᄒᆞ고 盥卒授巾이니라

●셰슈드리ᄋᆞ올시져므니ᄂᆞᆫ소라ᄅᆞᆯ받들고얼운ᄋᆞᆫ믈을받들어쳐셰슈ᄒᆞ쇼셔請ᄒᆞ고셰슈ᄆᆞᄎᆞ셔든슈건을받ᄌᆞ올디니라

(增註)槃、承盥水者、沃盥、注水而盥也、授、進也、巾、拭手者

問所欲而敬進之ᄒᆞ되 柔色以溫去聲之ᄒᆞ야 父母舅姑ㅣ 必嘗之而後에 退니라

●자시고져ᄒᆞ시ᄂᆞᆫ바ᄅᆞᆯ묻ᄌᆞ와공경ᄒᆞ야드리오ᄃᆡᄂᆞᆺ빗ᄎᆞᆯ유화히ᄒᆞ야ᄡᅥᄠᅳᆮ을받ᄌᆞ와父母ㅣ며식부모ㅣ반ᄃᆞ시맛보신후에믈러날디니라

(增註)所欲、意之所欲食者。(集解)陳氏曰溫、承藉之義。謂以和柔之顏色、承藉尊者之意

男女未冠貫笄者ㅣ 鷄初鳴이어든 咸盥漱ᄒᆞ며 櫛縰ᄒᆞ며 拂髦ᄒᆞ며 總角ᄒᆞ며 衿纓ᄒᆞ여 皆佩容臭ᄒᆞ고 昧爽而朝ᄒᆞ야 問何食飮矣으ᄒᆞ야 若已食則退ᄒᆞ고 若未食則佐長者視具ㅣ니라

●ᄉᆞ나ᄒᆡ와겨집이관쓰며빈혀곳디아니ᄒᆞ얏ᄂᆞᆫ이ᄃᆞᆰ이처엄울거든다셰슈ᄒᆞ고양지믈ᄒᆞ며머리빗고縰ᄒᆞ며髦ᄅᆞᆯᄠᅥᆯ며머리미기ᄅᆞᆯᄡᅡᆯ나게ᄒᆞ며ᄂᆞᄆᆞᆺ긴흘미여다향내담은거ᄉᆞᆯᄎᆞ고부여희ᄇᆞᆰ이예뵈ᄋᆞ와므스거ᄉᆞᆯ자실고묻ᄌᆞ와만일이믜자셔게시거

돈믈러오고만일자시디아녀겨시거든얼운을도와쟝만홈을보숣힐떠니라

(集說)吳氏曰總角、束髮爲角也、臭、香物也、助爲形容之飾、故、曰容臭、以纓佩之、不佩所用之物、而止佩容臭者、未能卽事也、昧、晦也、爽、明也、昧爽、欲明未明之時、朝、猶見也、佐、助也、具、謂膳具、幼者、於視膳之事、未能專之、特可以佐助長者而已

○凡內外ㅣ鷄初鳴이어든 咸盥漱ᄒᆞ며 衣服ᄒᆞ고 斂枕簟(뎜)徒點切ᄒᆞ며 灑掃室堂及庭ᄒᆞ야 布席ᄒᆞ고 各從其事ㅣ니라

●믈읫안히며밧기ᄃᆞᆰ이처엄울거든다셰슈ᄒᆞ고양짓믈ᄒᆞ며옷닙고벼개와삳글걷으며방이며텽이며ᄆᆞᆫ들을믈ᄲᅳ리고ᄡᅳ러돗ᄭᆞᆯ고각각그일을조출떠니라

(集說)陳氏曰此亦內則之文而不言者、蒙上章也、他皆倣此、斂、收也、斂枕簟者、枕席之具、夜則設之、曉則斂之、不以私褻之用、示人也、布、設也、席、坐席、各從其事、若女服事于內、男服事于外、是矣、(集解)此、言內外婢僕也

○父母舅姑ㅣ將坐ㅣ어시든 奉席請何鄕(向)ᄒᆞ며 將衽이어시든 長者는 奉席請何趾ᄒᆞ고 少者는 執牀與坐ᄒᆞ며 御者는 擧几ᄒᆞ고 斂席與簟ᄒᆞ며 縣호 衾篋(협)枕ᄒᆞ고 斂簟而襡(獨)之니라

●父母와싀부모ㅣ쟝ᄎᆞᆺ안ᄌᆞ려커시든돗글받드러어드러향ᄒᆞ실고請ᄒᆞ며쟝ᄎᆞᆺ고려누우려커시든얼운오돗글받드러어드러발두실고請ᄒᆞ고져믄이는평상을잡아뫼셔안ᄌᆞ며뫼신이는几를들고못과다ᄆᆞᆺ삳글거드며니블을믈며벼개를샹ᄌᆞ애녀코삳글거더집실ᄯᅵ니라

(集說)陳氏曰將坐、翻起時也、奉坐席而鋪者、必問何向、衽、臥席也、將衽、謂更臥處也、長者、奉此臥席而鋪、必問足向何所、牀、說文、云、安身之几、坐、非今之臥牀也、少者、執此牀、以與之坐、與猶左右之也執此牀坐而左右之不敢去恐其復坐也臥必簟在席上、旦起則斂之、而簟又以襡、韜之者、以親身、恐穢汚也、衾則束而懸之、枕則貯於篋也、(集解)御者、擧几、懸衾、篋枕 斂簟而襡之者、謂寢興而收藏之也

父母舅姑之衣衾簟席枕几를不傳ᄒᆞ며杖屨를祗(支)敬之ᄒᆞ야勿敢近ᄒᆞ며敦(對)牟(謀)卮匜(移)를非餕(俊)이어든莫敢用ᄒᆞ며與恒飮食을非餕이어든莫之敢飮食이니라

●父母와싀부모ㅅ옷과니블와삳과돗과벼개와几를옴기디아니ᄒᆞ며막대와신을공경ᄒᆞ야敢히갓가히말며敦와牟와卮와匜를자시다가남은것곳아니어든敢히ᄡᅳ디아니ᄒᆞ며다ᄆᆞᆺ샹례飮食을남은것곳아니어든敢히먹디아니ᄒᆞᆯ디니라

(集說)陳氏曰傳、移也、謂、此數者、每日置之有常處、子與婦、不得輒移他所也、近、謂挨偪之也、斂、與卒、皆盛黍稷之器、巵、酒器、匜、盛水漿之器、此四器、皆尊者所用、子與婦、非餕其餘、無敢用此器也、與、及也、及尊者、所常食飲之物、子與婦、非餕餘、不敢擅飮食之也

○在父母舅姑之所ᄒᆞ야 有命之어시든 應唯敬對ᄒᆞ며 進退周旋에 愼齊側皆切ᄒᆞ며 升降出入에 揖遊ᄒᆞ며 不敢噦(얼)於月切 噫(희)噯(애) 咳欠伸跛(피)倚睇(톄)第視ᄒᆞ며 不敢唾洟替니라

●父母와싀부모게신곳애이셔괴걸ᄒᆞ심이잇거시든應홈을샐리ᄒᆞ며공경ᄒᆞ야ᄃᆡ답ᄒᆞ며나ᄋᆞ며므르며두루돌옴애삼가며조심ᄒᆞ며오라며ᄂᆞ리며나며들매굽으며펴며敢히피기ᄒᆞ며트림ᄒᆞ며ᄌᆞ최욤ᄒᆞ며기참ᄒᆞ며하외욤하며기지게혀며츼드듸며빗기보디아니ᄒᆞ며敢히춤밧ᄐᆞ며코프디아니홀띠니라

(集說)陳氏曰應唯、應以速也、敬對、對以敬也、周旋、周回旋轉也、愼、謹愼也、齊、齊莊也、揖、謂進而前其身、略俯如揖也、遊、揚也、謂退而後其身、微仰而揚也、噦、嘔逆聲、噫、食飽聲、噯、噴噯、咳、咳嗽、氣乏則欠、體疲則伸、偏任爲跛、依物爲倚、睇視、傾視也、唾出於口、洟出於鼻、方氏曰噦噫噯咳、則聲爲不恭、欠伸

跛倚睇視、則貌爲不恭、唾洟、則聲貌俱爲不恭矣、故皆不敢爲也

寒不敢襲ᄒᆞ며 癢不敢搔ᄒᆞ며 不有敬事ㅣ어든 不敢袒但裼昔ᄒᆞ며 不涉不撅(궐)貴ᄒᆞ며 褻衣衾을 不見現裏니라

●치워도敢히더닙디아니ᄒᆞ며가랴와도敢히긁디아니ᄒᆞ며조심ᄒᆞᆯ일이잇디아니커든敢히메왓다아니ᄒᆞ며믈건널적이아니어든거두드디아니ᄒᆞ며더러운옷과니블을안ᄒᆞᆯ뵈디아니ᄒᆞᆯ띠니라

(集解)襲、重衣也、敬事、謂習射之類、袒裼、露臂也、涉、涉水也、撅、褰起衣裳也、

○寒當襲、癢當搔、而侍坐則不敢者、皆敬也

父母唾洟ᄅᆞᆯ 不見現ᄒᆞ며 冠帶垢ㅣ어든 和灰請漱搜ᄒᆞ며 衣裳垢ㅣ어든 和灰請澣ᄒᆞ며 衣裳綻(탄)裂이어든 紉(닌)尼鄰切 箴(침)針請補綴이니라

●父母ㅅ춤과코ᄅᆞᆯ남뵈디아니ᄒᆞ며冠과띄며뭇거든ᄌᆡᄅᆞᆯ타시서지이다請ᄒᆞ며옷과치매며뭇거든ᄌᆡᄅᆞᆯ타ᄲᆞᆯ아지이다請ᄒᆞ며옷과치매뻐디며믜여디거든바ᄂᆞᆯ에실뻬여기우며브텨지이다請ᄒᆞᆯ띠니라

(集解)陳氏曰唾洟不見、謂即刷除之、不使見示於人也、漱澣、皆洗滌之事、洗手曰漱洗足曰澣 和灰、如今人用灰湯也、以線貫箴曰紉

少事長(ᄒᆞ며)賤事貴(에)共帥(率)時(니라)

●(音)저믄이얼운셤기며賤ᄒᆞᆫ이貴ᄒᆞᆫ이셤기애다ᄡᅥ로조출ᄯᅵ니라

(集解)帥、循也、時、是也、言少之事長、賤之事貴、皆當循是禮也

○曲禮(에) 曰凡爲人子之禮(는) 冬溫而夏凊(七性切ᄒᆞ며)昏定而晨省(ᄒᆞ며)

●曲禮예ᄀᆞᆯ오ᄃᆡ믈읫사ᄅᆞᆷ의ᄌᆞ식되연ᄂᆞᆫ禮ᄂᆞᆫ겨을희어든ᄃᆞᄉᆞ시게ᄒᆞ고녀름이어든서늘ᄒᆞ시게ᄒᆞ며어을미어든定ᄒᆞ고새배어든ᄉᆞᆯ피며

(集說)陳氏曰溫以禦其寒、凊以致其凉、定其衽席、省其安否

出必告(谷ᄒᆞ며)反必面(ᄒᆞ며)所遊(ᄅᆞᆯ)必有常(ᄒᆞ며)所習(을)必有業(ᄒᆞ며)恒言(에)不稱老(ㅣ니라)

●나갈제반ᄃᆞ시엳ᄌᆞ오며도라옴애반다시뵈ᄋᆞ오며ᄃᆞᆫ니ᄂᆞᆫ바ᄅᆞᆯ반ᄃᆞ시덛덛ᄒᆞᆫᄃᆡ믈두며니기ᄂᆞᆫ바ᄅᆞᆯ반ᄃᆞ시업을두며샹렛말애늘글와일ᄏᆞᆺ디아니홀ᄯᅵ니라

(集說)陳氏曰出則告逝、反則告歸、又以自外來、欲省顏色、故言面、恒言、平常言語也、自以老稱、則尊同於父母、而父母、爲過於老矣、古人、所以斑衣娛戲者、欲安父母之心也、(集成)呂氏曰親之愛子、至矣、所遊、必欲其安、所習、必欲其正、

苟輕身而不自愛、非所以養其志也

○禮記에 曰孝子之有深愛者ᄂᆞᆫ 必有和氣ᄒᆞ고 有和氣者ᄂᆞᆫ 必有愉色ᄒᆞ고 有愉色者ᄂᆞᆫ 必有婉容이니 孝子ᄂᆞᆫ 如執玉ᄒᆞ며 如奉盈ᄒᆞ야 洞洞屬屬(쵹)然ᄒᆞ야 如弗勝ᄒᆞ며 如將失之니 嚴威儼恪이 非所以事親也ㅣ니라

㊀禮記에ᄀᆞᆯ오ᄃᆡ孝子의깁픈ᄉᆞ랑을둔ᄂᆞᆫ이ᄂᆞᆫ반ᄃᆞ시온화ᄒᆞᆫ긔운이잇고온화ᄒᆞᆫ긔운을둔ᄂᆞᆫ이ᄂᆞᆫ반ᄃᆞ시화열ᄒᆞᆫ빗치잇고화열ᄒᆞᆫ빗ᄎᆞᆯ둔ᄂᆞᆫ이ᄂᆞᆫ반ᄃᆞ시완슌ᄒᆞᆫ얼굴이잇ᄂᆞ니孝子ᄂᆞᆫ玉을잡앗ᄃᆞᆺᄒᆞ며ᄀᆞ닥ᄒᆞᆫ것받ᄃᆞᆺᄒᆞ야洞洞ᄒᆞ며屬屬ᄒᆞ야이긔디몯ᄒᆞᆯᄃᆞ시ᄒᆞ며쟝ᄎᆞᆺ일흘ᄃᆞ시ᄒᆞᄂᆞ니엄숙ᄒᆞ며위[illegible]ᄒᆞ며엄연ᄒᆞ며식식ᄒᆞᆷ이ᄡᅥ어버이셤기ᄂᆞᆫ비아니니라

(集解)愉、和悅之貌、婉、順美之貌、盈、滿也、洞洞、質慤貌、洞洞表裏無間也 屬屬、專一貌、(集說)陳氏曰勝、當也、言敬親、常如執玉奉盈、惟恐不能勝當、而且將覆墜也、陳氏曰和氣、愉色、婉容、皆愛心之所發、如執玉、如奉盈、如弗勝、如將失之、皆敬心之所存、愛敬兼至、乃孝子之道、 故嚴威儼恪、使人望而畏之、是成人之道、非孝子之道也

○曲禮에曰凡爲人子者ㅣ居不主奧ᄒᆞ며坐不中席ᄒᆞ며行不中道ᄒᆞ며立不中門ᄒᆞ며

●曲禮에ᄀᆞᆯ오ᄃᆡ믈읫사ᄅᆞᆷ의ᄌᆞ식되연ᄂᆞᆫ이잇기ᄅᆞᆯ奧애主티아니ᄒᆞ며안셰ᄅᆞᆯ돗긔가온대아니ᄒᆞ며ᄃᆞᆫ니기ᄅᆞᆯ길헤가온대아니ᄒᆞ며셔기ᄅᆞᆯ문에가온대아니ᄒᆞ며

(集說)陳氏曰言爲人子、謂父在時也、室西南隅、爲奧、主奧、中席 皆尊者之道也、主當也 行道則或左或右、立門則避棖闑 魚列切 之中、皆不敢迹尊者之所行也

食似饗享에不爲槪ᄒᆞ며祭祀에不爲尸ᄒᆞ며

●음식이며이바디에혼졀티아니ᄒᆞ며祭祀애尸ㅣ되디아니ᄒᆞ며

(集說)陳氏曰食饗、如奉親迎客、及祭祀之類、皆是、不爲槪量、順親之心、而不敢自爲限節也、呂氏曰尸、取主人之子行 下良切 而已、若主人之子、是使父、北面而事之、人子所不安、故不爲也、

聽於無聲ᄒᆞ며視於無形ᄒᆞ며

●소릐업산ᄃᆡ드르며얼굴업산ᄃᆡ보며

(集解)陳氏曰先意承志也、常於心、想像、似見形聞聲、謂父母、將有敎使己然

不登高ᄒᆞ며不臨深ᄒᆞ며不苟訾紫ᄒᆞ며不苟笑ㅣ니라

●놉픈ᄃᆡ오ᄅᆞ디아니ᄒᆞ며기픈ᄃᆡ臨ᄒᆞ디아니ᄒᆞ며구챠히헐ᄡᅳ리디아니ᄒᆞ며구챠히웃디아니ᄒᆞᄂᆞ니라

(集解)苟、苟且、訾、毁也、(增註)登高、臨深、危道也、苟訾、苟笑、辱道也、邵氏曰人子、旣當自卑、以尊其親、又當自重、以愛其身也

○孔子ㅣ曰父母ㅣ在어시든不遠遊ᄒᆞ며遊必有方이니라

●孔子ㅣᄀᆞᄅᆞ샤ᄃᆡ父母ㅣ겨시거든멀리노디아니ᄒᆞ며놀옴애반ᄃᆞ시방소ᄅᆞᆯ둘ᄯᅵ니라

(集解)朱子曰遠遊、則去親遠而爲日久、定省曠而音問踈、不惟己之思親不置、亦恐親之念我不忘也、遊必有方、如己告云之東、卽不敢更適西、欲親必知己之所在而無憂、召己則必至而無失也、范氏曰子能以父母之心、爲心則孝矣

○曲禮에曰父母ㅣ存이어시든不許友以死ㅣ니라

●曲禮에ᄀᆞᆯ오ᄃᆡ父母ㅣ겨시거든벗의게죽음으로ᄡᅥ許티아니ᄒᆞᆯᄯᅵ니라

(增註)親在而以身許人、是忘親矣、○父母在而平日與友、約以同死、不可也、若同行、臨患難、則亦不可辭以親在而不救也

○禮記에曰父母ㅣ在어시든不敢有其身ᄒᆞ며不敢私其財니示民有上下也ㅣ니라

●禮記예ᄀᆞᆯ오ᄃᆡ父母ㅣ겨시거든敢히 그몸을두디몯ᄒᆞ며敢히 그쳐믈을ᄉᆞᄉᆞ로이몯ᄒᆞᄂᆞ니ᄇᆡᆨ셩을우ᄒᆡ며아래이심을뵘이니라

(集解)有、猶專也、不敢有、言身非己之身、父母之身也、不敢私、言財非己之財父母之財也、有上下、謂卑當統於尊也

父母ㅣ在어시든饋獻을不及車馬니示民不敢專也ㅣ니라

●父母ㅣ겨시거든주며 드리기를술의와ᄆᆞᆯ에밋디 아니ᄒᆞᄂᆞ니ᄇᆡᆨ셩을敢히 ᄌᆞ젼티몯ᄒᆞᆯ줄을뵘이니라

(集說)吳氏曰自此遺彼曰饋、自下奉上曰獻、車馬、物之重者ㅣ라故不敢專之以饋獻

○內則에曰子婦孝者敬者는父母舅姑之命을勿逆勿怠니라

●內則에ᄀᆞᆯ오ᄃᆡ 아ᄃᆞᆯ과며ᄂᆞ리효도ᄒᆞ며공경ᄒᆞ논이ᄂᆞᆫ父母와싀부모ㅅ命을거ᄉᆞ리디말며게을이마롤띠니라

(集成)方氏曰惟孝故、能於命勿逆、惟敬故、能於命勿怠、勿逆則以順受之、勿怠則以勤行之

若飮(去聲)食(似)之어시든 雖不嗜나 必嘗而待ᄒᆞ며 加之衣服이어시든 雖不欲이나 必服而待니라

●만일음식먹히거시든비록즐기디아니ᄒᆞ나반ᄃᆞ시맛보고셔기ᄃᆞᆯ이며옷을수지거시든비록ᄒᆞ고져티아니ᄒᆞ나반ᄃᆞ시닙어셔기ᄃᆞᆯ일띠니라

(集解)言尊者、以飮食衣服、與己、心雖不好、必且嘗之、著之、待尊者、察己不好而改命焉然後、置之也

加之事ㅣ오 人代之어시든 己雖不欲이나 姑與之ᄒᆞ야 而姑使之라가 而後復(복)之니라

●일을시기시고ᄂᆞᆷ으로代ᄒᆞ거시든내비록그리코져아니ᄒᆞ나아직주어아직시기다가後에도로홀띠니라

(集解)陳氏曰尊者、任之以事、而己旣爲之矣、或念其勞、又使他人代之、己雖不以爲勞、而不欲其代、然、必順尊者之意、而姑與之、若慮其爲之、不如己意、姑致使之、及其果不能而後、己復爲之也、愚、按人者、於是數者、豈過爲矯情飾僞哉、蓋委曲以行其意、而求無拂乎親之心也

○子婦ᄂᆞᆫ 無私貨ᄒᆞ며 無私蓄ᄒᆞ며 無私器니 不敢私假ᄒᆞ며 不敢私

與ㅣ니라

●아ᄃᆞᆯ과며ᄂᆞᆯ이ᄂᆞᆫᄉᆞᄉᆞ로온보홰업스며ᄉᆞᄉᆞ로온더축이업스며ᄉᆞᄉᆞ온그르시업ᄂᆞ니敢히ᄉᆞᄉᆞ로이빌리디몯ᄒᆞ며敢히ᄉᆞᄉᆞ로이주디몯ᄒᆞᆯ거시이니라

(集解)貨、交易之物、蓄、藏積之物、假、借人也、與、與人也、此、言家事、統於尊也

婦ㅣ或賜之飮食衣服布帛佩帨稅茝(치)昌改切蘭이어든 則受而獻諸舅姑ㅣ니舅姑ㅣ受之則喜ᄒᆞ야如新受賜ᄒᆞ고若反賜之則辭ᄒᆞ되不得命이어든如更受賜ᄒᆞ야藏以待乏이니라

●며ᄂᆞᆯ이아믜나飮食과衣服과뵈과깁과출것과슈건과茝와蘭을주어든곳밧아싀부모ᄭᅴ드릴디니싀부모ㅣ밧아시든깃거새로주ᄂᆞᆫ거슬밧ᄂᆞᆫᄃᆞ시ᄒᆞ고만일도로주거시든ᄉᆞ양호ᄃᆡ그리ᄒᆞ라ᄒᆞ심을얻디몯ᄒᆞ야든다시주심을밧잡ᄂᆞᆫᄃᆞ시ᄒᆞ야간ᄉᆞᄒᆞ야써업서ᄒᆞ실적을기ᄃᆞ릴디니라

(集說)陳氏曰或賜、謂私親兄弟也、茝、蘭、皆香草也、受之則如新受賜、不受則如更受賜、孝愛之至也、不得命者、不見許也、待乏、待尊者之乏也

婦ㅣ若有私親兄弟ᄒᆞ야將與之어든則必復扶又反請其故古ᄒᆞ야賜而後

與之니라

●며ᄂᆞᆯ이만일ᄉᆞᄉᆞᆺ권당과兄弟이셔쟝ᄎᆞᆺ주려커든반ᄃᆞ시그녠거ᄉᆞᆯ請ᄒᆞ야주신후에아줄띠니라

(集解)ㅡ陳氏曰故卽前者所獻之物、◣而舅姑不受者、雖藏於私室、今必再請於尊者、旣許然後、取以與之也、司馬温公曰人子之身、父母之身也、身且不敢自有、況敢有私財乎、若父子異財、互相假借、則是有子富而父母貧者、父母飢而子飽者、不孝、不義、孰甚於此、

○曲禮에曰父ㅣ召ㅣ어시든無諾ᄒᆞ며先生이召ㅣ어시든無諾ᄒᆞ고唯而起니라

●曲禮에ᄀᆞᆯ오ᄃᆡ아비브르거시든諾홈이업스며先生이브르거시든諾홈이업고셜리ᄃᆡ답ᄒᆞ고니러날띠니라

(集解)唯、應之速、諾、應之緩、呂氏曰諾、許而未行也

○士相見禮에曰凡與大人言에始視面ᄒᆞ고中視抱ᄒᆞ고卒視面ᄒᆞ며毋改니衆皆若是니라

●士相見禮에ᄀᆞᆯ오ᄃᆡ믈읫얼운사ᄅᆞᆷ으로더부러말ᄉᆞᆷ홈애처엄의ᄂᆞᆫᄂᆞᆺ출보고둥간의ᄂᆞᆫ抱ᄅᆞᆯ보고ᄆᆞᄎᆞᆷ애ᄂᆞᆺ출보며고티디말올띠니모ᄃᆞᆫ의게다이ᄀᆞᆺ티홀띠니라

(集說)陳氏曰士相見禮、儀禮篇名、大人、卿大夫也、(大人有德位者之通稱)儀禮註、云始視面、謂觀其顏色、可傳言未也、抱、懷抱也、中視抱、容其思之、且爲敬也、卒視面、察其納己言否也、毋改、謂答應之間、當正容體以待之、毋自變動、爲嫌懈惰、不虛心也、(集解)衆、謂同在是者、皆當如此也

若父則遊目호ᄃᆡ 毋上於面ᄒᆞ며 毋下於帶ㅣ니라

●만일아븨게어든눈을둘오ᄃᆡ ᄂᆞᆺ치올리디말며ᄯᅴ에나리오디말올ᄯᅵ라

(集解)子於父、主孝、不純乎敬、所視廣也、(增註)因觀安否何如也、記、曰凡視上於面則敖、下於帶則憂

若不言이어시든 立則視足ᄒᆞ고 坐則視膝이니라

●만일말ᄉᆞᆷ아니ᄒᆞ거시든셔겨시거든발올보고안자겨시거든무룹올볼ᄯᅵ니라

(正誤)視足、伺其行也、視膝、伺其起也

○**禮記에 曰父ㅣ命呼ㅣ어시든 唯而不諾ᄒᆞ야 手執業則投之ᄒᆞ며 食在口則吐之ᄒᆞ고 走而不趨ㅣ니라**

●禮記예ᄀᆞᆯ오ᄃᆡ아비命ᄒᆞ야블으거시든섈리ᄃᆡ답ᄒᆞ고諾디아니ᄒᆞ야손애일을잡앗거든더디며밥이입에잇거든비왓고ᄃᆞ롬으로가고ᄌᆞ조거를만아니홀ᄯᅵ디라

(集觧)應氏曰唯、諾、皆應也、而唯速於諾、走、趨、皆步也、而走速於趨、投業、吐食、趨急父命也

親老ㅣ어시든出不易方ᄒᆞ며復伏不過時ᄒᆞ며親癠劑어시든色容不盛이此ㅣ孝子之疏節也ㅣ니라

●어버이늘그시거든나가매방소를밧고디아니ᄒᆞ며도라옴애때를넘우디아니ᄒᆞ며어버이병들거시든낫빗츨펴디아니홈이이孝子의소략ᄒᆞᆫ례졀이니라

(集解)易、改也、復、反也、時、歸期也、陳氏曰易方則恐召己而莫知所在也、過時則恐失期而貽親憂也、癠、病也、方氏曰孝子之事親、豈必待老而後、如是耶、蓋以親老者、尤不可不如是也、(增註)色容不盛、有憂色也、(正誤)自父命呼、至色容不盛、五事、此皆孝子事親疏畧之節、必若孔子所謂身體髮膚、受之父母、不敢毀傷、立身行道、揚名後世、以顯父母、爲德之本者、斯爲至孝也

父沒而不能讀父之書는手澤이存焉爾며母沒而杯圈을不能飮焉은口澤之氣ㅣ存焉爾니라

●아비업ᄉᆞ시거든ᄎᆞᆷ아아비칙을닑디못홈은손쌤이이실시며엄이업ᄉᆞ시거든잔과그르슬ᄎᆞᆷ홈아먹니못홈은입김쐬운이이실시니라

(集說)陳氏曰不能、猶不忍也、(集解)方氏曰書、書冊也、君子、執以誦習故、於父言之、杯圈、飮食器也、婦人、飮食是饋故、於母言之、父母亡而澤存焉、有所不忍也

○內則에曰父母ㅣ有婢子若庶子庶孫을甚愛之어시든雖父母沒이라도沒身敬之不衰니라

●內則에ᄀᆞᆯ오ᄃᆡ父母ㅣ죵의난ᄌᆞ식이어나혹첩ᄌᆞ식첩손ᄌᆞᄅᆞᆯ심히ᄉᆞ랑커시든비루父母ㅣ업ᄉᆞ샤도몸이업도록공경ᄒᆞ야衰티아니홀ᄯᅵ니라

(集解)婢子、賤者所生也、若、及也、沒身、終身也

子有二妾애父母는愛一人焉ᄒᆞ고子는愛一人焉이어든由衣服飮食과由執事를毋敢視父母所愛ᄒᆞ야雖父母沒이라도不衰니라

●아ᄃᆞᆯ이두첩을둠애父母는ᄒᆞᆫ사ᄅᆞᆷ을ᄉᆞ랑ᄒᆞ시고아ᄃᆞᆯ은ᄒᆞᆫ사ᄅᆞᆷ을사랑커든衣服과飮食과브테며일잡옴브터ᄅᆞᆯ敢히父母ᄉᆞ랑ᄒᆞ시는바와ᄀᆞᆯ와말아비록父母ㅣ업ᄉᆞ셔도衰티아니홀ᄯᅵ니라

(集說)由、自也、視、比也、陳氏曰不敢以私愛、違父母之情也

○子ㅣ甚宜其妻ㅣ라도父母ㅣ不說悅句이어시든出ᄒᆞ고子ㅣ不宜其妻ㅣ라도父

母ㅣ曰是ㅣ善事我ㅣ라커시든子行夫婦之禮焉ᄒᆞ야沒身不衰ᄒᆞ니라

●아ᄃᆞᆯ이그안해ᄅᆞᆯ심히맛당히너겨도父母ㅣ깃거티아니커시든내여보내고아ᄃᆞᆯ이그안해ᄅᆞᆯ맛당히아니너겨도父母ㅣᄀᆞᆯᄋᆞ샤ᄃᆡ이날을잘셤긴다ᄒᆞ거시든아ᄃᆞᆯ이夫婦의禮ᄅᆞᆯ行ᄒᆞ야몸이업도록衰티아니ᄒᆞᆯ디니라

(集解)應氏曰父母、以爲善、子情雖替、而夫婦之禮、亦不可不行焉、人子之心、唯知有親、而不知有己故也

○曾子ㅣ曰孝子之養老也ᄂᆞᆫ樂洛下同其心ᄒᆞ며不違其志ᄒᆞ며樂其耳目ᄒᆞ며安其寢處上聲ᄒᆞ며以其飮食으로忠養之니라

●曾子ㅣᄀᆞᆯᄋᆞ샤ᄃᆡ孝子의늘그신이치기ᄂᆞᆫ그ᄆᆞᄋᆞᆷ을즐기시게ᄒᆞ며그ᄠᅳᆺ을어그릇디아니ᄒᆞ며그귀눈에즐거우시게ᄒᆞ며그자시며겨샤믈편안ᄒᆞ시게ᄒᆞ며그飮食으로써츙셩도이치ᄂᆞ니라

(集解)樂其心、順適其心、使樂而無憂也、不違其志、先意迎承、使無違逆也、怡聲以問、所以樂其耳、柔色以溫、所以樂其目、昏定以安其寢、晨省以安其處也、忠者、盡己之謂、(集說)方氏曰養親之道、雖非卽飮食以能盡、亦非舍飮食以能爲、君子、何以處之、亦曰忠養之而已、夫養之以物、止足以養其口體、養之以忠、則足以養其志矣

是故로 父母之所愛를 亦愛之ᄒᆞ며 父母之所敬을 亦敬之니 至於犬馬ᄒᆞ야도 盡然이온 而況於人乎아

● 이런故로父母의ᄉᆞ랑ᄒᆞ시ᄂᆞᆫ바ᄅᆞᆯ또ᄉᆞ랑ᄒᆞ며父母의공경ᄒᆞ시ᄂᆞᆫ바ᄅᆞᆯ또 공경ᄒᆞᆯ디니개며ᄆᆞᆯ제니ᄅᆞ러도다그리ᄒᆞᆯ거시온ᄒᆞ믈며사ᄅᆞᆷ애ᄯᆞ녀

(集編)眞氏曰孝子、愛敬之心、無所不至、 故父母之所愛者、雖犬馬之賤、亦愛之、況人乎哉、姑擧其近者、言之、若兄、若弟、吾父母之所愛也、吾其可不愛之乎、若薄之、是、薄吾父母也、若親、若賢、吾父母之所敬也、吾其可不敬之乎、若慢之、是、慢吾父母也、推類而長、莫不皆然

○內則에 曰舅沒則姑老ㅣ니 冢婦ㅣ 所祭祀賓客애 每事를 必請於姑ᄒᆞ고 介婦ᄂᆞᆫ 請於冢婦ㅣ니라

● 內則에ᄀᆞᆯ오ᄃᆡ싀아비죽으면싀엄이늙ᄂᆞ니ᄆᆞᆺ며ᄂᆞᆯ이제ᄉᆞᄒᆞ며손ᄃᆡ접ᄒᆞᄂᆞᆫ바애每事ᄅᆞᆯ반ᄃᆞ시싀엄이ᄭᅴ請ᄒᆞ고버근며ᄂᆞᆯ이ᄂᆞᆫᄆᆞᆺ며ᄂᆞᆯ의게請ᄒᆞᆯ디니라

(集解)冢婦、長婦也、老、謂傳家事於長婦也、然、長婦、不敢專行故、祭祀賓客、禮之大者、亦必禀問而行也

舅姑ㅣ 使冢婦ㅣ이시든 毋怠ᄒᆞ며 不友無禮於介婦ㅣ니라

●식부모ㅣᄆᆞᆮ며ᄂᆞᆯ이ᄅᆞᆯ브리거시든게을리말며敢히버근며ᄂᆞᆯ의게무례히몯홀거
시니라

(集解)友、當作敢、使、以事使之也、言舅姑、以事、命冢婦、則當自任其勞、而不可
惰慢、亦不敢恃舅姑之命、而無禮於介婦也

舅姑ㅣ**若使介婦**ㅣ어시든 **毋敢敵耦**偶 **於冢婦**ㅣ니 **不敢並行**ᄒᆞ며 **不敢**
並命ᄒᆞ며 **不敢並坐**ㅣ니라

●식부모ㅣ만일버근며ᄂᆞᆯ이ᄅᆞᆯ브리거시든敢히ᄆᆞᆮ며ᄂᆞᆯ의게마초와ᄧᆞᆨ호려말올띠
니敢히ᄀᆞᆯ와ᄃᆞᆫ니디몯ᄒᆞ며敢히ᄀᆞᆯ와긔걸티몯ᄒᆞ며敢히ᄀᆞᆯ와안떠몯홀띠니라

(集解)敵、相抗也、耦、相並也、(集說)陳氏曰介婦之與冢婦、分有尊卑、任事、毋敢
敵耦、不敢比肩而行、不敢並受命於尊者、不敢並出命於卑者、蓋介婦、當請命於
冢婦也、坐次、亦必異列、(集成)項氏曰此、謂不得恃舅姑之使令、而傲冢婦也

凡婦ㅣ**不命適私室**이어시든 **不敢退**ᄒᆞ며 **婦將有事**애 **大小**를 **必請於**
舅姑ㅣ니라

●믈읫며ᄂᆞᆯ이ᄉᆞᄉᆞᆺ방의가라命티아니커시든敢히믈러나디몯ᄒᆞ며며ᄂᆞᆯ이쟝ᄎᆞᆺ일
이이심애크며저근거ᄉᆞᆯ반ᄃᆞ시식부모ᄭᅴ請홀띠니라

(集說)吳氏曰凡婦、適冢婦介婦而言、私室、婦室也、婦侍舅姑、不命之退、不敢退也、事、謂私事、大小、必請於舅姑者、不敢隱而專也

○適子庶子ㅣ祗事宗子宗婦ᄒᆞ야雖貴富ㅣ나不敢以貴富로入宗子之家ᄒᆞ며雖衆車徒ㅣ라도舍於外ᄒᆞ고以寡約入ᄒᆞ며不敢以貴富로加於父兄宗族이니라

●適子와庶子ㅣ宗子와宗婦를공경ᄒᆞ야셤겨비록貴ᄒᆞ고감ᄋᆞᆷ여나敢히貴ᄒᆞ며가ᄋᆞᆷ여름으로뻐宗子의집의들어가디아니ᄒᆞ며비록술의와구죵이ᄒᆞᆯ따라도빗긔두고젹고간약ᄒᆞᆷ으로뻐들어가며敬히貴ᄒᆞ며가ᄋᆞᆷ여름으로뻐父兄과宗族의게더으디몯ᄒᆞᆯ거시니라

(集解)適子、謂父及祖之適子、是小宗也、庶子、謂適子之弟、宗子、謂大宗子、宗婦、謂大宗婦也、祗、敬也、徒、從(去聲)人也、舍、置也、寡、少也、約、省也、(增註)言、非唯不敢以貴富、入宗子之家、凡父兄宗族、皆不敢以此加之

○曾子ㅣ曰父母ㅣ愛之어시든喜而弗忘ᄒᆞ며父母ㅣ惡(오)之어시든懼而無怨ᄒᆞ며父母ㅣ有過ㅣ어시든諫而不逆이니라

●曾子ㅣ 골ᄋᆞ샤ᄃᆡ父母ㅣ ᄉᆞ랑커시든깃거ᄒᆞ야닛디아니ᄒᆞ며父母ㅣ외오너기거시든저허호ᄃᆡ원망홈이업스며父母ㅣ허믈이잇거시든諫호ᄃᆡ거스리디아니홀디니라

(集解)朱子曰諫而不逆、謂委曲作道理以諫、不唐突以觸父母之怒

○內則에曰父母ㅣ有過ㅣ어시든下氣怡色柔聲以諫이니諫若不入이어든起敬起孝ᄒᆞ야說悅則復扶又反諫이니라

●內則에골오ᄃᆡ父母ㅣ허믈이잇거시든긔운을ᄂᆞ족이ᄒᆞ며ᄂᆞᆾ빗ᄎᆞᆯ화열히ᄒᆞ며소ᄅᆡ를부드러이ᄒᆞ야써諫홀디니諫이만일드디몯ᄒᆞ거든敬을닐으혀며孝를닐으혀깃거ᄒᆞ서든다시諫홀디니라

(集解)下、怡、柔、皆和順之意、盖諫、易至於犯、故欲和也、起、悚然興起之意、言孝敬之心、有加無已、待親喜則復進言也

不悅이샤도與其得罪於鄉黨州閭론寧孰熟同諫이니父母ㅣ怒不悅而撻之流血이라도不敢疾怨이오起敬起孝ㅣ니라

●깃거티아니ᄒᆞ샤도다ᄆᆞᆺ그鄉과黨과州와閭에罪를어드심으론출하리닉이諫홀디니라父母ㅣ怒ᄒᆞ야깃거티아니ᄒᆞ샤텨피흘려도敢히아쳐ᄒᆞ야원탄티아니ᄒᆞ고

敬을닐으며孝를닐으ᄒᆞᆯ띠니라

(集解)萬二千五百家爲鄕、熟諫、謂純熟殷勤而諫、疾、惡也、眞氏曰不諫、是陷其親於不義、使得罪於州里、是以、寧熟諫也、怒而撻之、猶不敢疾怨、況下於此者乎

○曲禮에曰子之事親也애三諫而不聽則號平聲泣而隨之니라

●曲禮예ᄀᆞᆯ오ᄃᆡ ᄌᆞ식이어버이섬김애세번諫호ᄃᆡ듣디아니커시든블으지저울며조촐며니라

(增註)將以感動親心、庶或見聽也、○父子、無可去之道、故號泣而隨之而已

○父母ㅣ有疾이어시든冠者ㅣ不櫛ᄒᆞ며行不翔ᄒᆞ며言不惰ᄒᆞ며琴瑟不御ᄒᆞ며食肉不至變味ᄒᆞ며飮酒不至變貌ᄒᆞ며笑不至矧(신)矢引切ᄒᆞ며怒不至詈利니疾止어시든復(복)故ㅣ니라

●父母ㅣ병이잇거시든갓쓴이머리빗디아니ᄒᆞ며ᄃᆞᆫ님애지에ᄒᆞ디아니ᄒᆞ며말ᄉᆞᆷ을惰티아니ᄒᆞ며琴과瑟을잡드디아니ᄒᆞ며고기를먹오ᄃᆡ마시변홈애니료게아니ᄒᆞ며술을먹오ᄃᆡ양ᄌᆞ변홈애니르게아니ᄒᆞ며우움을닛믜윰남애니르게아니ᄒᆞ며怒홈을ᄭᅮ지좀애니르게아니ᄒᆞᆯ띠니병이그치거시든녜대로도로ᄒᆞᆯ띠니라

(集解)陳氏曰此、言養父母疾之禮、不櫛、不爲飾也、不翔、不爲容也、不惰、不及他事也、琴瑟不御、以無樂意也、猶可食肉、但不至厭飫而口味變耳、猶可飮酒、但不至醺酣而顏色變耳、齒本曰矧、笑而見矧、是大笑也、怒罵曰詈、怒而至詈、是甚怒也、皆爲忘憂故、戒之、復故、復常也、司馬温公曰父母有疾、子、色不滿容、捨置餘事、專以迎醫合藥、爲務也

○君이有疾飮藥이어시든臣이先嘗之ᄒᆞ며親이有疾飮藥이어시든子ㅣ先嘗之니라

● 님금이병이겨샤약을자시거든신해모져맛보며어버이병이겨샤약을자시거든ᄌᆞ식이몬져맛볼디니라

(集解)嘗、謂度(鐸)其所堪也

醫不三世어든不服其藥이니라

● 의원이세ᄃᆡ아니어든그약을먹디아니ᄒᆞᆯ디니라

(集說)呂氏曰醫三世、治人多、用物熟矣、功已試而無疑然後、服之、亦謹疾之道也、方氏曰經之所言、亦道其常而已、非傳業而或自得於心者、未及三世、固在所取也

○孔子ㅣ曰父在에 觀其志ᄒᆞ고 父沒애 觀其行去聲이니 三年을 無改於父之道ㅣ라아 可謂孝矣니타

●孔子ㅣᄀᆞᆯᄋᆞ샤ᄃᆡ아비이신애그ᄯᅳᆺ을보고아비업슴애그ᄒᆡᆼ실을볼디니三年을아비道애고팀이업세야可히효도ㅣ라닐으리니라

(集解)朱子曰父在、子不得自專而志則可知、父沒然後、其行可見故、觀此、足以知其人之善惡、然、又必能三年、無改於父之道、乃見其孝、不然則所行、雖善、亦不得爲孝矣、游氏曰三年無改、亦謂在所當改、而可以未改者爾

○內則애 曰父母ㅣ 雖沒이나 將爲善에 思貽父母令名ᄒᆞ야 必果ᄒᆞ며 將爲不善에 思貽父母羞辱ᄒᆞ야 必不果ㅣ니라

●內則에ᄀᆞᆯ오ᄃᆡ父母ㅣ비록업스시나쟝ᄎᆞᆺ어던일을ᄒᆞᆷ애父母ᄭᅴ어던일홈기팀을ᄉᆡᆼ각ᄒᆞ야반ᄃᆞ시과단히ᄒᆞ며쟝ᄎᆞᆺ어디디아니ᄒᆞᆫ일을ᄒᆞᆷ애父母ᄭᅴ붓그러옴과욕을기팀을ᄉᆡᆼ각ᄒᆞ야반ᄃᆞ시과단히아니홀디니라

(集解)貽、遺也、果、決也、

○祭義에 曰霜露ㅣ 既降이어든 君子ㅣ 履之ᄒᆞ고 必有悽妻愴創之

心ᄒᆞᄂᆞ니 非其寒之謂也ㅣ라 春애 雨露ㅣ既濡儒ㅣ어든 君子ㅣ履之ᄒᆞ고 必有怵惕他歷切之心ᄒᆞ야 如將見之니라

●祭義에ᄀᆞᆯ오ᄃᆡ서리와이슬이이믜ᄂᆞ려든君子ㅣᄇᆞᆲ고반ᄃᆞ시슬픈ᄆᆞᄋᆞᆷ을두ᄂᆞ니그치움을닐옴이아니라봄의비와이슬이이믜젓거든君子ㅣᄇᆞᆲ고반ᄃᆞ시놀라온ᄆᆞᄋᆞᆷ을두어쟝ᄎᆞᆺ보ᄋᆞᆯᄃᆞᆺᄒᆞᄂᆞ니라

(集解)祭義、禮記篇名、履、踐也、悽愴、悲傷貌、濡、沾濡也、怵惕、驚動貌、輔氏曰君子於親、終身不忘、故、氣序遷改、目有所見、則心有所感焉、秋陰之時、萬物衰憊、履霜露則其心、悽愴而悲哀焉、春陽之時、萬物發生、履雨露則其心、怵惕、如將見之也、方氏曰經文、於雨露、言春、則知霜露、爲秋矣、於霜露、言非其寒、則知雨露、爲非其温矣、於雨露、言如將見之、則知霜露、爲如將失之矣、讀者、不可不知

○祭統에 曰夫祭也者ᄂᆞᆫ 必夫婦ㅣ 親之니 所以備外內之官也ㅣ니 官備則具備니라

●祭統에ᄀᆞᆯ오ᄃᆡ祭라ᄒᆞᆫ거ᄉᆞᆫ반ᄃᆞ시夫婦ㅣ친히ᄒᆞᄂᆞ니ᄡᅧ밧과안햇소임을ᄀᆞ초ᄂᆞᆫ비니소임이ᄀᆞᄌᆞ면ᄀᆞ옴이ᄀᆞᆽᄂᆞ니라

(集說)陳氏曰祭統、禮記篇名、統、猶本也、具者、奉祭之物也、方氏曰夫婦親之、若君、制祭、夫人、薦盎、君、割牲、夫人、薦酒、卿大夫、相君、命婦、相夫人、此、內外之官也、官、所以執事、事、所以具物、故、曰官備則具備

○君子之祭也애必身親莅(利)之니有故則使人이可也ㅣ니라

●君子ㅣ祭홈애반ᄃᆞ시몸으로친히님ᄒᆞᄂᆞ니연고ㅣ잇거든사ᄅᆞᆷ으로ᄒᆞ여곰홈이可ᄒᆞ니라

(集說)陳氏曰莅、臨也、必身親臨之者、致其如在之誠也、輔氏曰有故、謂疾病、或不得已之事、已既不克與、而時又不可失、則使他人攝之、可也

○祭義에曰致齊(재)(莊皆切下同)於內ᄒᆞ고散齊於外ᄒᆞ야齊之日에思其居處(上聲)ᄒᆞ며思其笑語ᄒᆞ며思其志意ᄒᆞ며思其所樂(요)(五敎反)ᄒᆞ며思其所嗜ᄒᆞ야齊三日애乃見其所爲(去聲)齊者ㅣ니라

●祭義예ᄀᆞᆯ오ᄃᆡ안해ᄌᆡ계ᄅᆞᆯ닐위고밧긔ᄌᆡ계ᄅᆞᆯ흣ᄒᆞ야ᄌᆡ계ᄒᆞᄂᆞᆫ날애그겨시던ᄃᆡᄅᆞᆯᄉᆡᆼ각ᄒᆞ며그우옴과말ᄉᆞᆷ을ᄉᆡᆼ각ᄒᆞ며그ᄠᅳᆮ을ᄉᆡᆼ각ᄒᆞ며그됴히너기시던바ᄅᆞᆯᄉᆡᆼ각ᄒᆞ며그즐기시던바ᄅᆞᆯᄉᆡᆼ각ᄒᆞ야ᄌᆡ계ᄒᆞᆫ사ᄒᆞᆯ에그위ᄒᆞ야ᄌᆡ계ᄒᆞ던바ᄅᆞᆯ보ᄋᆞᆸᄂᆞ니라

(集說)陳氏曰齊之爲言、齊也、所以齊不齊而致其齊也、致齊於內、若心不苟慮之

類、散齊於外、若不飮酒、不茹葷之類、樂、好也、嗜、欲也、陳氏曰五其字、及所爲皆指親而言、(集成)見所爲齊者、思之熟、若見其所爲齊之親也

祭之日애 入室ᄒᆞ야 僾愛然必有見乎其位ᄒᆞ며 周還旋出戶애 肅然必有聞乎其容聲ᄒᆞ며 出戶而聽애 愾(개)開代切然必有聞乎其嘆息之聲이니라

●祭ᄒᆞᄂᆞᆫ날애집의들어얼프시반ᄃᆞ시그위예보ᄋᆞᆷ이이시며두로돌아문에나매싁싁히반ᄃᆞ시그거동소리ᄅᆞᆯ드롬이이시며문에나셔드롬애듣거이반ᄃᆞ시그ᄒᆞᆫ숨소리ᄅᆞᆯ드롬이잇ᄂᆞ니라

(集解)陳氏曰入室、入廟室也、僾然、彷彿之貌、見乎其位、如見親之在神位也、周旋出戶、謂薦俎酳獻之時、行步周旋之間、或自戶內而出也、肅然、儆惕之貌、容聲、擧動容止之聲也、愾然、太息之聲也

是故로 先王之孝也ᄂᆞᆫ 色不忘乎目ᄒᆞ며 聲不絕乎耳ᄒᆞ며 心志嗜欲을 不忘乎心ᄒᆞ시니 致愛則存ᄒᆞ고 致慤則著ㅣ라 著存을 不忘乎心이어니 夫安得不敬乎ㅣ리오

●어린故로先王의효도ᄂᆞᆫ ᄂᆞᆺ빗ᄎᆞᆫ눈에닛디아니ᄒᆞ며소리ᄅᆞᆯ귀예그치디아니ᄒᆞ며ᄆᆞᄋᆞᆷ과ᄠᅳᆮ과즐기시던것과ᄒᆞ고쟈ᄒᆞ시던거슬ᄆᆞᄋᆞᆷ애닛디아니ᄒᆞ시니ᄉᆞ랑홈을닐위면겨신ᄃᆞᆺᄒᆞ고졍셩을닐위면나타나ᄂᆞᆫ디라나타남과겨신ᄃᆞᆺ홈을ᄆᆞᄋᆞᆷ애닛디아니ᄒᆞ거니엇디시러곰공경티아니ᄒᆞ리오

(集解)陳氏曰致愛、極其愛親之心也、致慤、極其敬親之誠也、存、以上文三者不忘而言、著、以上文見乎其位以下三者而言、(正誤)輔氏曰人之行、莫大於孝、先王、能存此心故、父母之容色、自不忘乎目、父母之聲音、自不忘乎耳、父母之心志嗜欲、自不忘乎心、固非勉强所能然也、亦致吾心之愛敬而已、故、曰致愛則存、致慤則著、著存不忘、則洋洋如在、夫安得不敬乎

○曲禮에 **曰君子**ㅣ **雖貧**이나 **不粥**(鬻) **祭器**ᄒᆞ며 **雖寒**이나 **不衣**(去聲) **祭服**ᄒᆞ며 **爲宮室**에 **不斬於丘木**이니라

●曲禮예ᄀᆞᆯ오ᄃᆡ君子ㅣ비록가난ᄒᆞ나祭器ᄅᆞᆯᄑᆞᆯ디아니ᄒᆞ며비록치우나祭服을닙디아니ᄒᆞ며집을지ᅀᅳᆷ애분묘ㅅ남긔가버히디아니ᄒᆞᄂᆞ니라

(集解)粥、賣也、斬、伐也、祭器、所以奉祭、粥之則無以祭也、祭服、所以接鬼神、衣之則褻而不敬也、丘木、所以庇其宅兆、爲宮室而伐之、則是慢其先而濟其私也

○王制에曰大夫는祭器를不假ㅣ니祭器未成이어든不造燕器ㅣ니라

●王制예ᄀᆞᆯ오ᄃᆡ대우ᄂᆞᆫ祭器를비디아니ᄒᆞᄂᆞ니祭器를일우디몯ᄒᆞ엿거든상햇그르슬밍ᄀᆞ디아니ᄒᆞᆯ디니라

(集解)假、借也、造、爲也、有田祿者、必自具祭器也、未成、不造燕器者、先神而後己也

○孔子ㅣ謂曾子曰身體髮膚는受之父母ㅣ라不敢毁傷이孝之始也ㅣ오立身行道ᄒᆞ야揚名於後世ᄒᆞ야以顯父母ㅣ孝之終也ㅣ니라

●孔子ㅣ曾子ᄃᆞ려닐러ᄀᆞᆯᄋᆞ샤ᄃᆡ몸이며얼굴이며머리털이며ᄉᆞᆯ흔父母ᄭᅴ받ᄌᆞ온거시라敢히헐워샹히오디아니홈이효도의비르솜이오몸을셰워道를行ᄒᆞ야일홈을後世예베퍼써父母를현뎌케홈이효도의ᄆᆞᄎᆞᆷ이니라

(集說)吳氏曰此、言人子之身體髮膚、皆父母之所遺、自愛而不敢虧、所以爲孝之始也、能立身行道、則己之名、揚於後世、而父母之名、亦顯矣、所以爲孝之終也

夫孝는始於事親이오中於事君이오終於立身이니라

●효도ᄂᆞᆫ어버이셤김애비릇고님금셤김애가온ᄃᆡ오몸셰옴애ᄆᆞᆺᄂᆞ니라

(增註)此、孝之終始也

愛親者는 不敢惡(去聲)於人이오 敬親者는 不敢慢於人하나니 愛敬을 盡於事親ᄒᆞ면 而德敎ㅣ 加於百姓ᄒᆞ야 刑于四海ᄒᆞ리니 此ㅣ 天子之孝也ㅣ니라

(諺)어버이ᄅᆞᆯᄉᆞ랑ᄒᆞᄂᆞᆫ이ᄂᆞᆫ敢히사ᄅᆞᆷ의게믜여ᄒᆞ디아니코어버이ᄅᆞᆯ공경ᄒᆞᄂᆞᆫ이ᄂᆞᆫ敢히사ᄅᆞᆷ의게거만티아니ᄒᆞᄂᆞ니ᄉᆞ랑ᄒᆞ며공경홈을어버이셤김애다ᄒᆞ면德으로ᄆᆞᄅᆞ침이百姓의게더어四海예법이되리니이天子의효도ㅣ니라

(集解)眞氏曰孝者、不出乎愛敬而已、推愛敬之心、以愛人、而無所疾惡、推敬親之心、以敬人、而無所慢易、則躬行於上、而德敎自儀法於下、天下之人、無不皆愛敬其親矣

在上不驕ᄒᆞ면 高而不危ᄒᆞ고 制節謹度(도)ᄒᆞ면 滿而不溢(逸)이니 然後에야 能保其社稷ᄒᆞ며 而和其民人ᄒᆞᄂᆞ니 此ㅣ 諸侯之孝也ㅣ니라

(諺)우희이셔교만티아니ᄒᆞ면놉하도위티티아니ᄒᆞ고ᄆᆞ듸ᄅᆞᆯ지제ᄒᆞ며법도ᄅᆞᆯ삼가면ᄀᆞ득ᄒᆞ여도넘치디아니ᄒᆞᄂᆞ니그런후에아能히 그社稷을안보ᄒᆞ며그빅셩을和케ᄒᆞ리니이諸侯의효도ㅣ니라

(增註)制節、自制於禮節也、謹度、謹守法度也、貴爲國君、可謂高矣、富有千乘、可謂滿矣、高則易危、在上不驕、故不危、滿則易溢、制節謹度、故不溢、社、土神、稷、穀神、惟諸侯、得祭之

非先王之法服이어든不敢服ᄒᆞ며非先王之法言이어든不敢道ᄒᆞ며非先王之德行(去聲)이어든不敢行이니然後에야能保其宗廟ᄒᆞ리니此ㅣ卿大夫之孝也ㅣ니라

●先王의법다온오시아니어든敢히닙디아니ᄒᆞ며先王의법다온말ᄉᆞᆷ이아니어든敢히니ᄅᆞ디아니ᄒᆞ며先王의어딘ᄒᆡᆼ실이아니어든敢히行티아니ᄒᆞᆯᄯᅵ니그런後에아能히그宗廟ᄅᆞᆯ안보ᄒᆞ리니이卿대우의효도ㅣ니라

(增註)法、法度也、宗、程子曰言人宗於此而祭祀也、卿大夫、有家、家必有廟、故、言保其宗廟

以孝事君則忠이오以敬事長則順이니忠順을不失ᄒᆞ야以事其上然後에야能守其祭祀ᄒᆞ리니此ㅣ士之孝也ㅣ니라

●효도ᄒᆞᆷ으로ᄡᅥ님금을셤기면튱셩이오공경ᄒᆞᆷ으로ᄡᅥ얼운을셤기면공슌이라튱셩과공슌을일티아니ᄒᆞ야ᄡᅥ그우ᄒᆞᆯ셤긴후에아能히그祭祀ᄅᆞᆯ딕희리니이士의효

도ㅣ니라

(集解)移事親之孝、以事君則忠矣、移事親之敬、以事長則順矣、士有祿位、以奉祭祀、故曰祭祀、(增註)上、即君長也

用天之道ᄒᆞ며因地之利ᄒᆞ야謹身節用ᄒᆞ야以養父母ㅣ니此ㅣ庶人之孝也ㅣ니라

●하ᄂᆞᆯ道ᄅᆞᆯ쓰며ᄯᅡ희利ᄅᆞᆯ因ᄒᆞ야몸을삼가며쓰기ᄅᆞᆯ존절ᄒᆞ야써父母ᄅᆞᆯ봉양ᄒᆞᆯ디니이庶人의효도ㅣ니라

(集說)吳氏曰用天之道、謂順天之生長收藏、而耕耘斂穫、各依其時也、因地之利、謂因地之沃衍臯隰、而稻粱黍稷、各隨其宜也、謹身、謂守身而不妄爲、節用、謂儉用而不妄費、人能如此、則身安力足、有以奉其父母矣

故로自天子至於庶人히孝無終始오而患不及者ㅣ未之有也ㅣ니라

●그러모로天子로브터庶人에니르히효도ㅣᄆᆞᄎᆞᆷ이며비르솜이업고환난이밋디아니ᄒᆞ리잇디아니ᄒᆞ니라

(增註)孝之終始、見上文、事親而不能有終有始、灾及其身、必矣

○孔子ㅣ曰父母ㅣ生之ᄒᆞ시니 續莫大焉이오 君親臨之ᄒᆞ시니 厚莫重焉이로다 是故로 不愛其親이오 而愛他人者를 謂之悖(佩)德이오 不敬其親이오 而敬他人者를 謂之悖禮니라

●孔子ㅣ 골ᄋᆞ샤ᄃᆡ 父母ㅣ 나ᄒᆞ시니 니음이 이만 크니 업고 님금이며 어버이로 臨ᄒᆞ시니 厚홈이 이만 重ᄒᆞ니 업도다 이러모로 그 어버이ᄅᆞᆯ ᄉᆞ랑티 아니ᄒᆞ고 다ᄅᆞᆫ 사ᄅᆞᆷ ᄉᆞ랑ᄒᆞᄂᆞᆫ 이ᄅᆞᆯ 닐오ᄃᆡ 거ᄉᆞᆲᄌᆞᆫ 德이라 ᄒᆞ고 그 어버이ᄅᆞᆯ 공경티 아니ᄒᆞ고 다ᄅᆞᆫ 사ᄅᆞᆷ 공경ᄒᆞᄂᆞᆫ 이ᄅᆞᆯ 닐오ᄃᆡ 거ᄉᆞᆲᄌᆞᆫ 禮라 ᄒᆞᄂᆞ니라

(集說)眞氏曰父母、生我者也、我則嗣續乎父母者、天性之恩、孰大焉、君之臨臣、父之臨子、所以治而敎之也、其厚乎我、孰重焉、合君親而竝言、以見君臣、其義一也、下文、獨言親者、蓋指天性最切者、知愛敬乎親、則知愛敬乎君矣、范氏曰君子、愛親而後、推以愛人、是之謂順德、敬親而後、推以敬人、是之謂順禮、苟或反此、則爲悖逆而非所以爲孝矣

○孝子之事親애 居則致其敬ᄒᆞ고 養(去聲)則致其樂(洛)ᄒᆞ고 病則致其憂ᄒᆞ고 喪則致其哀ᄒᆞ고 祭則致其嚴이니 五者ㅣ備矣然後에아 能事

親이니라

●孝子의어버이셤김애居홈애ᄂᆞᆫ그공경을닐위고봉양홈애ᄂᆞᆫ그즐김을닐위고병에ᄂᆞᆫ그근심을닐위고상ᄉᆞ애ᄂᆞᆫ그슬허홈을닐위고祭에ᄂᆞᆫ그엄숙홈을닐윌띠니다ᄉᆞ거시ᄀᆞᄌᆞᆫ후에아能히어버이롤셤김이니라

(增註)致、極也、樂、謂愉色婉容、人子事親之心、自始至終、無一毫之不盡、可謂孝矣

事親者ᄂᆞᆫ 居上不驕ᄒᆞ며 爲下不亂ᄒᆞ며 在醜不爭이니 居上而驕則亡ᄒᆞ고 爲下而亂則刑ᄒᆞ고 在醜而爭則兵이니 三者를 不除ᄒᆞ면 雖日用三牲之養이라도 猶爲不孝也ㅣ니라

●어버이셤기ᄂᆞᆫ이ᄂᆞᆫ우희이셔교만티아니ᄒᆞ며아래되야핀란티아니ᄒᆞ며동뉴에이셔ᄃᆞ토디아니ᄒᆞᄂᆞ니우희이셔교만ᄒᆞ면핀망ᄒᆞ고아래되야셔핀란ᄒᆞ면죄닙고동뉴에이셔ᄃᆞ토면병잠기예해히이ᄂᆞ니이세가지를더디아니ᄒᆞ면비록날마다세가짓牲으로공양홈을ᄡᅳᆯ띠라도오히려不孝ㅣ되ᄂᆞ니라

(集解)驕、矜肆、亂、悖逆、醜、類、爭、鬪也、兵、以兵刃相加也、三牲、牛、羊、豕也、(增註)三者不除、灾將及親、其爲不孝、大矣、口體之奉、豈足贖哉

○孟子ㅣ曰世俗所謂不孝者ㅣ五ㅣ니惰其四支ᄒᆞ야不顧父母之養이一不孝也ㅣ오博奕好去聲下同飮酒ᄒᆞ야不顧父母之養이二不孝也ㅣ오好貨財私妻子ᄒᆞ야不顧父母之養이三不孝也ㅣ오從縱耳目之欲ᄒᆞ야以爲父母戮六이四不孝也ㅣ오好勇鬪狠下懇切ᄒᆞ야以危父母ㅣ五不孝也ㅣ니라

●孟子ㅣᄀᆞᆯᄋᆞ샤ᄃᆡ世俗애니ᄅᆞᄂᆞᆫ밧不孝ㅣ다ᄉᆞ시니그四支ᄅᆞᆯ게을이ᄒᆞ야父母의공양을도라보디아니홈이ᄒᆞᆫ不孝ㅣ오상뉵바독ᄒᆞ고술먹기ᄅᆞᆯ됴히너겨父母의공양을도라보디아니홈이두不孝ㅣ오보화와지믈을됴히너기며妻子ᄅᆞᆯᄉᆞᄉᆞ로이ᄒᆞ야父母의공양을도라보디아니홈이세不孝ㅣ오귀와눈의욕심을방종히ᄒᆞ야써父母의욕이되게홈이네不孝ㅣ오용밍을됴히너겨싸홈싸호며거ᄉᆞᆲ쪄써父母ᄅᆞᆯ위티케홈이다ᄉᆞᆺ不孝ㅣ니라

(集說)陳氏曰四支、手足也、顧、猶念也、博、局戲、奕、圍棊、戮、羞辱也、狠、忿戾也

○曾子ㅣ曰身也者ᄂᆞᆫ父母之遺體也ㅣ니行父母之遺體호ᄃᆡ敢

不敬乎아居處(上聲)不莊이非孝也ㅣ며事君不忠이非孝也ㅣ며莅官不敬이非孝也ㅣ며朋友不信이非孝也ㅣ며戰陳(陣)無勇이非孝也ㅣ니五者를不遂ㅣ던烖(저)災及其親이니敢不敬乎아

●曾子ㅣ골ᄋᆞ샤ᄃᆡ몸이란거슨父母의기티신얼굴이니父母기티신얼굴을가져든니되敢히공경티아니ᄒᆞ랴상해이심애엄경티아니홈이효도ㅣ아니며님금섬김애튱셩티아니홈이효도ㅣ아니며벼슬에림홈애공경티아니홈이효도ㅣ아니며번의게밋버아니홈이효도ㅣ아니며싸홈싸호는항딘에용밍업슴이효도ㅣ아니니다ᄉᆞᆺ거슬일우디몯ᄒᆞ면지홰그어버의게미ᄎᆞ리니敢히공경티아니ᄒᆞ랴

(集說)吳氏曰行、猶奉也、莅、臨也、交兵曰戰、制行伍曰陣、遂、成也、曰莊、曰忠、曰敬、曰信、曰勇、皆孝之事也、五者不遂、則不可以爲孝、而身及於災矣、身災則及於親矣、此、君子所以不可不敬也、或、疑奉遺體、而曰戰陳無勇、何哉、蓋殺身成仁、而孝在其中矣

○孔子ㅣ曰五刑之屬이三千이로ᄃᆡ而罪ㅣ莫大於不孝ᄒᆞ니라

●孔子ㅣ골ᄋᆞ샤ᄃᆡ다ᄉᆞᆺ가지형벌의류ㅣ三千이로ᄃᆡ罪ㅣ不孝에서큰이업스니라

(集說)陳氏曰五刑、墨、劓、剕、宮、大辟(闢)也、墨者、刺面、劓者、割鼻、剕者、刖足、

宮者、去勢、大辟、死刑也、按、書、呂刑、墨屬千、劓屬千、剕屬五百、宮屬三百、大辟之屬二百、凡三千條、刑、所以罰惡、惡莫大於不孝、故、罪亦莫大於不孝

右는明父子之親ᄒᆞ니라

●이우ᄒᆞᆫ아비와아ᄃᆞᆯ의친홈을ᄇᆞᆰ히니라

○禮記에曰將適公所홀시宿齊(지)莊皆切ᄒᆞ야戒ᄒᆞ야居外寢ᄒᆞ며沐浴ᄒᆞ고史進象笏이어든書思對命이니旣服ᄒᆞ고習容觀貫玉聲ᄒᆞ야乃出이니라

●禮記예ᄀᆞᆯ오ᄃᆡ쟝ᄎᆞᆺ님금겨신곧애갈시미리齊戒ᄒᆞ야받침실애이시며沐浴ᄒᆞ고史ㅣ샹아홀을드려 듣ᄉᆡᆼ각ᄒᆞᆫ것과ᄃᆡ답ᄒᆞ올것과命ᄒᆞ신거슬ᄡᅳᆯ띠니이믜옷닙고용모거동과픽옥소ᄅᆡ를닉여나갈떠니라

(集說)陳氏曰適、往也、公所、君所也、宿、前期也、史、掌文史者、史即府史之史吏之掌文書者也笏者、忽也、書事、以備忽忘者、思、謂所思告君者、對、謂所擬對君者、命、謂君命三者、皆書之於笏、敬謹之至也、容觀、容貌、儀觀也、玉聲、佩玉之聲也

○曲禮에曰凡爲去聲君使去聲下同者ㅣ已受命ᄒᆞ얀君言을不宿於家ㅣ니라

●曲禮예ᄀᆞᆯ오ᄃᆡ믈읫님금의브리임이되연ᄂᆞᆫ이이믜命을받ᄌᆞ와ᄂᆞᆫ 님금말ᄉᆞᆷ을집

의무기디아니홀디니라

(增註)君言、卽君命、受命卽行、敬君也

君言이至則主人이出拜君言之辱ᄒᆞ고使者ㅣ歸則必拜送于門外니라

●님금말ᄉᆞᆷ이니르거든主人이나와님금말ᄉᆞᆷ의辱ᄒᆞ심을절ᄒᆞ고브리신이도라가거든반ᄃᆞ시門밧긔절ᄒᆞ야보내올디니라

(集說)辱、謂屈辱君命之來也、至則拜命、歸則拜送、皆敬君也

若使人於君所則必朝服而命之ᄒᆞ고使者ㅣ反則必下堂而受命이니라

●만일사람을님금겨신ᄃᆡ브리거든반ᄃᆞ시朝服ᄒᆞ고니ᄅᆞ고브린이도라오거든반ᄃᆞ시堂에ᄂᆞ려命을밧ᄌᆞ올디니라

(增註)反、還也、朝服而遣使、下堂而受命、皆敬君也、(集解)陳氏曰孔子、問人於他邦、再拜而送之、況使人於君所乎、言朝服而命之、則知上文拜辱拜送、亦朝服也、言拜辱拜送、則知朝服、命之、亦拜也、言拜送於門外、則知拜辱、亦於門外也、此皆互文以見、讀者、不可不知

○論語에曰君이召使擯이어시든色勃如也ᄒᆞ시며足躩(각)如也ㅣ러시다

●論語 의ᄀᆞᆯ오ᄃᆡ님금이블러ᄒᆞ여곰손ᄃᆡ졉ᄒᆞ라ᄒᆞ거시든ᄂᆞᆾ빗출변ᄃᆞ시ᄒᆞ시며발
을셔슴ᄃᆞ시ᄒᆞ더시다

(集說)朱子曰擯、主國之君、所使出接賓者、勃、變色貌、躩、盤辟貌、盤辟乃盤旋曲折之意
皆敬君命故也

揖所與立ᄒᆞ샤ᄃᆡ左右手ㅣ러시니衣前後ㅣ襜(쳠)如也ㅣ러시다

●더브러셔신바와揖ᄒᆞ샤ᄃᆡ손을왼녀ᄒᆞ로ᄒᆞ시며올ᄒᆞᆫ녀ᄒᆞ로ᄒᆞ더시니옷압뒤히
ᄀᆞᄌᆞᆨᄒᆞ더시다

(集說)朱子曰所與立、謂同爲擯者也、擯用命數之半、如上公九命、則用五人、以
次傳命、揖左人則左其手、揖右人則右其手、襜、整貌

趨進에翼如也ㅣ러시다

●ᄲᆞᆯ리거러나아가실제ᄂᆞᆯ개편ᄃᆞᆺᄒᆞ더시다

(集說)朱子曰疾趨而進、張拱端好、如鳥舒翼

賓退어든必復命曰賓不顧矣라ᄒᆞ더시다

●손이믈러니거든반ᄃᆞ시命을도로엳ᄌᆞ와ᄀᆞᆯᄋᆞ샤ᄃᆡ손이도라보디아니타ᄒᆞ더시

다

(集說) 朱子曰紓君舒 敬也

○入公門ᄒᆞ실서 鞠躬如也ᄒᆞ샤 如不容이러시다

●대궐문의들으실ᄉᆡ몸을굽히ᄃᆞ시ᄒᆞ샤용납디몯ᄒᆞᆯᄯᆞ시ᄒᆞ더시다

(集說) 朱子曰鞠躬、曲身也、公門、高大而若不容、敬之至也

立不中門ᄒᆞ시며 行不履閾役이러시다

●셤을門에가온대아니ᄒᆞ시며ᄃᆞᆫ닐ᄌᆡ문젼을ᄇᆞᆲ디아니ᄒᆞ더시다

(集說) 朱子曰中門、中於門也、閾、門限也、謝氏曰立中門則當尊、行履閾則不恪

過位ᄒᆞ실서 色勃如也ᄒᆞ시며 足躩如也ᄒᆞ시며 其言이 似不足者ㅣ러시다

●位예디나가실ᄉᆡᄂᆞᆾ빗찰변ᄐᆞ시ᄒᆞ시며발올서숨ᄃᆞ시ᄒᆞ시며그말ᄉᆞᆷ이足디몯ᄒᆞᆫ
ᄃᆞᆺᄒᆞ더시다

(集說) 朱子曰位、君之虛位、君雖不在、過之必敬、不敢以虛位而慢之也、言似不
足、不敢肆也

攝齊(지)升堂ᄒᆞ실서 鞠躬如也ᄒᆞ시며 屛丙氣ᄒᆞ샤 似不息者ㅣ러시다

●옷기슭을거두들어堂의오ᄅᆞ실ᄉᆡ몸올굽히ᄃᆞ시ᄒᆞ시며긔운을갈므샤숨을쉬디
아닌ᄂᆞᆫᄃᆞ시ᄒᆞ더시다

(集說)朱子曰攝、摳(區侯切)也、齊、衣下縫也、禮、將升堂、兩手摳衣、使去地尺、恐躡(音聶)之而傾跌失容也、屛、藏也、息、鼻息出入者也、近至尊、氣容肅也

出降一等(ᄒᆞ샤ᄂᆞᆫ)逞(령)顏色(ᄒᆞ샤)怡怡如也(ᄒᆞ시며)沒階趨進(ᄒᆞ샤ᄂᆞᆫ)翼如也(ᄒᆞ시며)復其位(ᄒᆞ샤ᄂᆞᆫ)踧踖(쳑)如也(ㅣ러시다)

●나ᄒᆞᆫ층을ᄂᆞ리샤ᄂᆞᆫᄂᆞᆺ빗ᄎᆞᆯ펴샤화열ᄐᆞ시ᄒᆞ시며階예다ᄂᆞ리샤ᄂᆞᆫ섈리가심애ᄂᆞᆯ개펴ᄃᆞᆺᄒᆞ시며그位예도라가샤ᄂᆞᆫ踧踖ᄃᆞᆺᄒᆞ더시다

(集說)朱子曰等、階之級也、逞、放也、漸遠所尊、舒氣解顏、怡怡、和悅也、沒階、下盡階也、趨、走就位也、踧踖、恭敬不寧之貌、復位、踧踖、敬之餘也

○禮記(예)曰君賜(ㅣ어든)車馬(ㅣ어든)乘以拜賜(ᄒᆞ고)衣服(이어든)服以拜賜(ㅣ니라)

●禮記에ᄀᆞᆯ오ᄃᆡ님금 주심애 수ᄅᆡ와ᄆᆞᆯ이어든타가써주심을절ᄒᆞ고오시어든닙어가써주심을절ᄒᆞᆯ디니라

(集成)孔氏曰、凡受君賜、賜至則拜、至明日、更乘服所賜、往至君所、又拜、重君恩也

君(이)未有命(이어시든)弗敢卽乘服也(ㅣ니라)

●님금이命이잇다아니커시든敢히즉제ᄐᆞ며닙디몯ᄒᆞᄂᆞ니라

(集成)謂非經賜、雖有車馬衣服、不敢輒乘服也、若後世、三品、雖應服紫、五品、雖應服緋、必君賜而後服

○曲禮에曰賜果於君前이어시든其有核(회)者란懷其核이니라

●曲禮에골오ᄃᆡ님금압히셔실과를주어시든그ᄡᅵ인ᄂᆞᆫ이란그ᄡᅵ를품을디니라

(集說)陳氏曰敬君賜故、不敢棄核

○御食於君애君賜餘ㅣ어시든器之漑(개)者란不寫ᄒᆞ고其餘ᄂᆞᆫ皆寫ㅣ니라

●음식을님금ᄭᅴ뫼와셔ᄒᆞᆯ제님금이남은거슬주어시든그르시싀슬새ᄉᆞ란ᄡᅳ디아니코그남은거ᄉᆞᆫ다ᄡᅳᆯ디니라

(集成)呂氏曰御食、侍食也、(集解)陳氏曰君以食之餘者、賜之、若陶器、或木器、可以洗滌者則卽食之、或其器、是萑(音凡)葦也、竹所織、不可洗滌者、則傳寫於他器而食之、不欲口澤之瀆也

○論語에曰君이賜食이어시든必正席先嘗之ᄒᆞ시고君이賜腥이어시든必熟

而薦之ᄒᆞ시고 君이 賜生이어시든 必畜之러시다

❶論語에ᄀᆞᆯ오ᄃᆡ님금이음식을주어시든반ᄃᆞ시돗을바ᄅᆞᄒᆞ고몬져맛보시고님금이ᄂᆞᆯ고기ᄅᆞᆯ주어시든반ᄃᆞ시닉혀서제ᄒᆞ시고님금이산거ᄉᆞᆯ주어시든반ᄃᆞ시기ᄅᆞ더시다

(集說)朱子曰食、恐或餕(俊)餘故、不以薦、正席先嘗、如對君也、言先嘗、則餘當以頒賜矣、腥、生肉、熟而薦之祖考、榮君賜也、畜之者、仁君之惠、無故不敢殺也、

(集成)或問聖人、席不正不坐、豈必君賜食而後、正之耶、朱子曰席固正矣、將坐而又正焉、所以爲禮也、曲禮、主人、旣迎賓則請入爲席矣、賓旣升堂、主人、又跪正席、豈先爲不正之席、至此然後正之哉、蓋敬愼之至耳

○侍食於君에 君祭어시든 先飯이러시다

❷님금ᄭᅴ뫼셔밥자실제님금이祭ᄒᆞ거시든본져자시더시다

(集說)朱子曰周禮、王日一擧、膳夫、授祭品嘗食、王乃食故、侍食者、君祭則己不祭而先飯、若爲(去聲)君嘗食然、不敢當客禮也

○疾에 君이 視之어시든 東首ᄒᆞ시고 加朝服拖(타)(他可切) 紳이러시다

❸병ᄒᆞ여겨실제님금이보거시든東으로머리두시고朝服을덥고ᄯᅴᄅᆞᆯ걸티더시다

(集說)朱子曰東首、以受生氣也病臥、不能著衣束帶、又不可以褻服、見君故、加朝服於身、又引大帶於上也

○君이命召ㅣ어시든不俟駕行矣러시다

●님금이命ᄒᆞ샤브르거시든술의메옴을기ᄃᆞ리디아니코가더시다

(集說)朱子曰急趨君命、行出而駕車隨之

○吉月에必朝服而朝ㅣ러시다

●ᄃᆞᆯ초ᄒᆞᆯ리반ᄃᆞ시朝服ᄒᆞ고됴회ᄒᆞ더시다

(集說)朱子曰吉月、月朔也、孔子、在魯致仕時、如此

○孔子ㅣ曰君子ㅣ事君ᄒᆞ되進思盡忠ᄒᆞ며退思補過ᄒᆞ야將順其美ᄒᆞ고匡救其惡ᄒᆞᄂᆞ니故로上下ㅣ能相親也ㅣ니라

●孔子ㅣᄀᆞᆯᄋᆞ샤ᄃᆡ君子ㅣ님금을셤기되나아가ᄂᆞᆫ튱셩다홈을ᄉᆡᆼ각ᄒᆞ며믈러와ᄂᆞᆫ허믈기움을ᄉᆡᆼ각ᄒᆞ야그아ᄅᆞᆷ다온일란받ᄌᆞ와슌죵ᄒᆞ고그그ᄅᆞᆫ일란졍ᄒᆞ야救ᄒᆞᄂᆞ니그러모로우과아래能히서ᄅᆞ親ᄒᆞᄂᆞ니라

(集解)眞氏曰將、猶承也、進見其君、則思盡己之忠、進適私室、則思補君之過、無一時一念之不在君也、有善、則順之、使益進於善、有惡、正救之、使潛消其惡、此

愛君之至也、臣以忠愛而親其君、則君、亦諒其忠愛而親之也、張氏曰正君之義、必先正其身、故、進則思盡己之忠、退則思補君之過、使己之心、無一毫之不盡然後、君有美則將順之、有惡則匡救之 格君心之非、亦曰正己而已、二說、皆通

○君使臣以禮ᄒᆞ며臣事君以忠이니라

●님금이신하브리기를禮로써ᄒᆞ며신해님금셤김을튱셩ᄋᆞ로써홀띠니라

(集說)朱子曰二者、皆理之當然、各欲自盡而已

○大臣은以道事君ᄒᆞ다가不可則止니라

●大臣은道로써님금을셤기다가可티아니커든그치ᄂᆞ니라

(集解)朱子曰以道事君者、不從君之欲、不可則止者、必行己之志

○子路ㅣ問事君ᄒᆞᆫ대子ㅣ曰勿欺也오而犯之니라

●子路ㅣ님금셤김을묻ᄌᆞ오ᄃᆡ子ㅣ골ᄋᆞ샤ᄃᆡ소기옵디말고犯홀띠니라

(集解)子路、孔子弟子、姓仲、名由、字子路、朱子曰犯、謂、犯顏諫爭去聲、(集成)西山眞氏曰僞言不直、謂之欺、直言無隱、謂之犯、欺與犯、正相反、禮記、謂、事君有犯而無隱

○鄙夫는可與事君也與平哉아

●머러온놈은可히더브러님금을셤기리

(集說)朱子曰、鄙夫、庸惡陋劣之稱

其未得之也앤患得之ᄒᆞ고既得之ᄒᆞ얀患失之ᄒᆞᄂᆞ니

●그얻디몯ᄒᆞ야셔ᄂᆞᆫ얻기를근심ᄒᆞ고기믜어더ᄂᆞᆫ일흘새근심ᄒᆞᄂᆞ니

(集說)何氏曰患得之、謂患不能得之

苟患失之면無所不至矣니라

●진실로일키를근심ᄒᆞ면니라디아니ᄒᆞᆯ배업ᄂᆞ니라

(集說)朱子曰小則吮癰舐譱指切痔切大凡、大則弑父與君、皆生於患失而已

○孟子ㅣ曰責難於君을謂之恭이오陳善閉邪를謂之敬이오吾君不能을謂之賊이니라

●孟子ㅣᄀᆞᆯᄋᆞ샤ᄃᆡ어려온일로님금씌責ᄒᆞᆷ을닐오ᄃᆡ공슌ᄒᆞᆷ이라ᄒᆞ고어딘일을베퍼샤곡ᄒᆞᆫᄆᆞᄋᆞᆷ막옴을닐오ᄃᆡ공경ᄒᆞᆷ이라ᄒᆞ고내님금을能히몯ᄒᆞ리라ᄒᆞᆷ을닐오ᄃᆡ적해ᄒᆞᆷ이라ᄒᆞᄂᆞ니라

(集解)范氏曰人臣、以難事責於君、使其君、爲堯舜之君者、尊君之大也、開陳善道、以禁閉君之邪心、唯恐其君、或陷於有過之地者、敬君之至也、謂其君、不能行

善道、而不以告者、賊害其君之甚也

○有官守者ㅣ不得其職則去ᄒᆞ고有言責者ㅣ不得其言則去ㅣ니라

●구의예딕흰것둔ᄂᆞᆫ이그직ᄉᆞ를得디몯ᄒᆞ거든가고말ᄒᆞᆯ소임둔ᄂᆞᆫ이그말을得디몯ᄒᆞ거든갈ᄯᅥ니라

(集說)朱子曰官守、以官爲守者、言責、以言爲責者

○王蠋이曰忠臣은不事二君이오烈女ᄂᆞᆫ不更(경)平聲二夫ㅣ니라

●王蠋이ᄀᆞᆯ오ᄃᆡ忠臣은두님금을셤기디아니ᄒᆞ고烈女ᄂᆞᆫ두남진을고려아니ᄒᆞᄂᆞ니라

(集說)陳氏曰蠋、齊之畫邑人、忠義之臣、始終一心、故不事二君、貞烈之女、始終一志、故不更二夫、按、通鑑、燕將樂毅、破齊、聞蠋賢、使請蠋、蠋、拒之以此、遂自經死

右ᄂᆞᆫ明君臣之義ᄒᆞ니라

●이우ᄂᆞᆫ님금과신하의義를ᄇᆞᆰ히니라

○曲禮에曰男女ㅣ非有行媒어든不相知名ᄒᆞ며非受幣어든不交不

親이니라

●曲禮예ᄀᆞᆯ오ᄃᆡ ᄉᆞ나ᄒᆡ와겨집이듕인ᄃᆞᆫ니미잇디아니ᄒᆞ얏거든서로일홈을아디아니ᄒᆞ며례믈을밧디아니ᄒᆞ얏거든사괴디아니ᄒᆞ며親히아니ᄒᆞᆯ띠니라

(集說)陳氏曰行媒、謂媒氏之往來也、名、謂男女之名也、受幣然後、親交之禮分定

故로日月以告君ᄒᆞ며齊(ᄌᆡ)戒以告鬼神ᄒᆞ며爲酒食以召鄕黨僚友ᄒᆞᄂᆞ니以厚其別也ㅣ니라

●그러모로날과ᄃᆞᆯ로ᄡᅥ님군ᄭᅴ告ᄒᆞ며齊戒ᄒᆞ야ᄡᅥ鬼神ᄭᅴ告ᄒᆞ며술과음식을ᄆᆡᆼᄀᆞ라ᄡᅥᄆᆞᄋᆞᆯ과동관과벗을블으ᄂᆞ니ᄡᅥ그ᄀᆞᆯᄒᆡ욤을두터이ᄒᆞᆷ이니라

(集說)陳氏曰日月、取婦之期、媒氏、書之以告于君、鬼神、謂先祖、僚、同官者、友、同志者、厚其別者、重其有別之禮也

取(娶同)妻호ᄃᆡ不取同姓이니故로買妾에不知其姓則卜之니라

●안해를어드되同姓을얻디아니ᄒᆞᄂᆞ니그러모로妾을사매그姓을아디몯ᄒᆞ거든졈복ᄒᆞᆯ띠니라

(集解)陳氏曰不娶同姓、爲其近禽獸也、卜者、卜其吉凶也、○蓋異姓則吉、同姓則凶也

○士昏禮에曰父ㅣ醮子애命之曰性迎(去聲)爾相(去聲)ᄒᆞ야承我宗事호ᄃᆡ勗(旭)帥(率)以敬ᄒᆞ야先妣之嗣ㅣ니若則有常ᄒᆞ라子曰諾다唯恐不堪이어니와不敢忘命호리이다

●士昏禮예ᄀᆞᆯ오ᄃᆡ아비ᄋᆞᄃᆞᆯ을醮ᄒᆯ제命ᄒᆞ야ᄀᆞᆯ오ᄃᆡ가너도을이를마자우리종묘ㅅ일을니으되힘ᄡᅧ공경으로ᄡᅧ거느려先妣를니을이니네곧덛덛홈을두라아ᄃᆞᆯ이ᄀᆞᆯ오ᄃᆡ그리호리이다오직감당티몯ᄒᆯ사젓ᄉᆞᆸ거니와敢히命을닛디아니호리이다

(集說)陳氏曰士昏禮、儀禮篇名、酌而無酬酢曰醮、盖醮子以親迎也、相、助也、妻、所以助夫故、謂之相、宗事、宗廟之事、勗、勉也、帥、倡也、言、當勉帥爾婦以恭敬也、母曰先妣、盖古稱也、先妣之嗣、謂婦代姑祭也、若、爾也、有常、始終不替也、諾、應辭、堪、能也

父ㅣ送女에命之曰戒之敬之ᄒᆞ야夙夜無(毋通下同)違命ᄒᆞ라

●아비ᄯᆞᆯ을보낼제命ᄒᆞ야ᄀᆞᆯ오ᄃᆡ경계ᄒᆞ며조심ᄒᆞ야일졈을이ᄒᆞ야命을어글웃디말라

(集說)陳氏曰夙、早也、違、逆也、命、謂舅姑之命

母ㅣ施衿(今)結帨(세)曰勉之敬之ᄒᆞ야夙夜無違宮事ᄒᆞ라

●어미띄띄이고슈건미고ᄀᆞᆯ오ᄃᆡ힘ᄡᅳ며조심ᄒᆞ야일졈을이ᄒᆞ야집일을어글웃디 말라

(集說)陳氏曰衿、小帶、帨、佩巾、違、乖也、宮事、謂閫內之事

庶母ㅣ及門內ᄒᆞ야施鞶ᄒᆞ고申之以父母之命ᄒᆞ야命之曰敬恭聽ᄒᆞ야宗爾父母之言ᄒᆞ야夙夜無愆ᄒᆞ야視諸衿鞶ᄒᆞ라

●庶母ㅣ門안해미처와ᄂᆞᆼ뭇ᄎᆞ이고父母ㅅ命으로ᄡᅥ다시ᄒᆞ야命ᄒᆞ야ᄀᆞᆯ오ᄃᆡ조심ᄒᆞ며공슌히듣ᄌᆞ와네父母ㅅ말ᄉᆞᆷ올읏듬삼아일졈을이ᄒᆞ야허믈업게ᄒᆞ야띄와ᄂᆞᆼ뭇ᄎᆞᆯ보라

(集解)庶母、父之妾也、鞶、小囊、盛帨巾者、申、重也、宗、尊也、愆、過也、言、當尊爾父母之言、早夜無過、又當常視此衿鞶、以憶父母之言而不忘也、眞氏曰夫之道、在敬身以帥其婦、婦之道、在敬身以承其夫、故、父之醮子、曰勉帥以敬、親之送女、曰戒之敬之、夫婦之道、盡於此矣

○禮記에曰夫昏禮ᄂᆞᆫ萬世之始也ㅣ라取(娶)於異姓은所以附遠(去聲)厚別也ㅣ오幣必誠ᄒᆞ며辭無不腆(뎐)은告之以直信이니信이事人也ㅣ며信이婦德也ㅣ라一與之齊ᄒᆞ면終身不改ᄒᆞᄂᆞ니故로夫死不

嫁ㅣ니라

●禮記에ᄀᆞᆯ오ᄃᆡ혼인ᄒᆞᄂᆞᆫ禮ᄂᆞᆫ萬世의비르솜이라다ᄅᆞᆫ姓의어드믄ᄡᅥ소원홈을브ᄐᆡ며분별홈을두터이ᄒᆞᄂᆞᆫ배오례믈을반ᄃᆞ시정셩도이ᄒᆞ며말ᄉᆞᆷ이不腆타홈이업ᄉᆞᆷ은고ᄃᆞ며믿브므로로ᄡᅥ告홈이니믿브미사ᄅᆞᆷ을셤기ᄂᆞᆫ거시며믿브미겨집의德이라ᄒᆞᆫ번더블어ᄀᆞ죽ᄒᆞ면몸이ᄆᆞᆺ도록고티디아니ᄒᆞᄂᆞ니그러모로夫ㅣ죽어도ᄀᆡ가아니ᄒᆞᄂᆞ니라

(集成)取異姓者、所以依附䟽遠之道、厚重分別之義、(集解)腆、厚也、善也、齊謂共牢而食、同尊卑也、方氏曰有夫婦而後、有父子、父子、所以傳世、故、曰萬世之始、幣、所以將婚姻之意、辭、所以通婚姻之情、辭無不腆者、告之以直也、幣必誠者、告之以信也、事人者、必以信、而婦人、以事人爲事、故、信爲婦德也、不改、謂不改而他適也、以其不可改故、雖夫死而不嫁也

男子ㅣ親迎(去聲)ᄒᆞ야男先(去聲下同)於女ᄂᆞᆫ剛柔之義也ㅣ니天先乎地ᄒᆞ며君先乎臣이其義一也ㅣ니라

●男子ㅣ親히마자ᄉᆞᄂᆞ히겨집의게몬져홈은강건ᄒᆞ며유슌ᄒᆞᆫ뜯이니하ᄂᆞᆯ히ᄯᅡ해몬져ᄒᆞ며님금이신하애몬져홈이그뜯이ᄒᆞᆫ가지니라

(集解)先、謂倡道也、馬氏曰男子、親迎而男先於女者、剛柔之義也、豈獨婚

姻之際如此、天造始而地代終、君主倡而臣主和、其義無二也

執摯로 以相見은 敬章別也ㅣ니 男女ㅣ有別然後에 父子ㅣ親ᄒᆞ고 父子ㅣ親然後에 義ㅣ生ᄒᆞ고 義ㅣ生然後에 禮ㅣ作ᄒᆞ고 禮ㅣ作然後에 萬物이 安ᄒᆞᄂᆞ니 無別無義는 禽獸之道也ㅣ니라

(諺)摯를잡아ᄡᅥ서ᄅᆞ봄은공경ᄒᆞ야ᄀᆞᆯ히욤을ᄇᆞᆰ힘이니ᄉᆞ나ᄒᆡ와겨집이ᄀᆞᆯ히욤이이신후에아비와아ᄃᆞᆯ이親ᄒᆞ고아비와아ᄃᆞᆯ이親ᄒᆞᆫ후에義나고義난후에禮일고禮인후에萬物이편안ᄒᆞᄂᆞ니ᄀᆞᆯ히욤이업스며義업슴은즘승의道ㅣ니라

(集解)執摯、奠鴈也、章、明也、行敬以明其別也、馬氏曰父子、出於天性、而曰男女．有別然後、父子親、何也、蓋男女無別於內、則夫婦之道、喪、而淫辟之罪、多、雖、父子之親、亦不得而親之也、男女有別然後、父子有相親之恩、父子有相親之恩、則必有相親之義、故、義生焉、由是推之、至於君臣、兄弟、長幼、朋友之際、皆有義、則粲然有文以相接、故、曰義生而後、禮作、禮作而貴賤有等、上下有分、此、萬物所以安也、陳氏曰禽獸、知有母而不知有父、無別故也

○取婦之家ㅣ三日不擧樂은 思嗣親也ㅣ니라

婦를取ᄒᆞᄂᆞᆫ집이사흘을음악을드디아니홈은어버이니음을ᄉᆡᆼ각홈이니라

(集說)陳氏曰思嗣親、則不無感傷、故不擧樂

○昏禮不賀는人之序也ㅣ니라

●혼인ᄒᆞᄂᆞᆫ禮에티하아니홈은사ᄅᆞᆷ의ᄎᆞ렐식니라

(集說)陳氏曰人之序、謂相承代之次序也、方氏曰在子則代父、在婦則代姑、故不賀

○內則에曰禮는始於謹夫婦ㅣ니爲宮室호ᄃᆡ辨內外ᄒᆞ야男子는居外ᄒᆞ고女子는居內ᄒᆞ야深宮固門ᄒᆞ야閽昏寺氏守之ᄒᆞ야男不入ᄒᆞ고女不出이니라

●內則에ᄀᆞᆯ오ᄃᆡ禮ᄂᆞᆫ夫婦ᄅᆞᆯ삼가매비롯ᄂᆞ니宮室을지오ᄃᆡ안팟ᄀᆞᆯ분변ᄒᆞ야ᄉᆞ나희ᄂᆞᆫ밧긔잇고겨집은안해이셔집을깁히ᄒᆞ며門올굳이ᄒᆞ야고쟈로딕희워ᄉᆞ나희ᄂᆞᆫ드디아니ᄒᆞ고겨집은나디아니홀띠니라

(集說)陳氏曰夫婦、人倫之始、不謹則亂其倫類、故、禮始於謹夫婦也、鄭氏曰閽、掌守中門之禁、寺、掌內人之禁令

男女ㅣ不同椸(이)移下同枷ᄒᆞ야不敢縣호於夫之楎輝椸ᄒᆞ며不敢藏於夫之篋笥四ᄒᆞ며不敢共湢逼浴ᄒᆞ며夫不在어든斂枕篋ᄒᆞ며簟(뎜)席

襡(독)ᄒᆞ야器而藏之니 少事長ᄒᆞ며賤事貴에 咸如之니라

●ᄉᆞ나히와겨집이옷홰며시렁을ᄒᆞᆫᄃᆡ아니ᄒᆞ야敢히지아븨옷거리와홰에드디아니ᄒᆞ며敢히지아븨상ᄌᆞ와ᄡᅡᆨ의간ᄉᆞ티아니ᄒᆞ며敢히湢을ᄒᆞᆫ가지로ᄒᆞ야목욕ᄒᆞ디아니ᄒᆞ며지아비잇디아니커든벼개를상ᄌᆞ애거두며삳과돗글집새등히녀겨간슈ᄒᆞᆯᄯᅵ니점은이얼운셤기며賤ᄒᆞᆫ이貴ᄒᆞᆫ이셤김애다ᄀᆞᆮ티ᄒᆞᆯᄯᅵ니라

(集說)陳氏曰橫者曰椸、枷、與架同、植者曰楎、置衣服之具也、篋、笥、皆竹爲之、貯衣者也、浴室曰湢、不共者異其浴室也 吳氏曰器者、器重之謂、斂枕於篋、斂簟席於襡、器重而藏之、是、不特妻事夫之禮、凡少之事長、賤之事貴、皆當如是也 臨川吳氏曰言內外之辨、非特男女爲然、雖夫婦、得相親者、亦然

雖婢妾이라도 衣服飮食을 必後長者ㅣ니라

●비록죵과妾이라도옷과음식을반ᄃᆞ시얼운의게후에ᄒᆞᆯᄯᅵ니라

(集說)陳氏曰長者、謂婢妾中之長者、婢妾、雖賤、亦必有長幼之倫

妻ㅣ不在어든 妾御ㅣ 莫敢當夕이니라

●안해잇디아니커든妾의뫼심이敢히나죄를當티말을ᄯᅵ니라

(集解)古者、妻妾、各有當御之夕、當夕、當妻之夕也

○男不言內ᄒᆞ고女不言外ᄒᆞ며非祭非喪이어든不相授器니其相授則女受以篚ᄒᆞ고其無篚則皆坐奠之而後에取之니라

諺 ᄉᆞ나희ᄂᆞᆫ안ᄒᆞᆯ닐ᄋᆞ디아니ᄒᆞ고겨집은밧글닐ᄋᆞ디아니ᄒᆞ고祭아니며상셔아니어든서르그르슬주디아니ᄒᆞᆯ띠니그서르줄띤대겨집이篚로ᄡᅥ받고그篚업거든다안자노ᄒᆞᆫ후에아가질띠니라

(正誤)男、正位乎外、不當言女事、女、正位乎內、不當言男事、男女、授受不親、惟喪祭、得以器、相授、祭嚴、喪遽、不嫌也、於喪祭之時、男以器授女、則女以篚、受其器、女受以篚、則男所受、可知、男以器授女、而女無篚受之、則男、跪而以器停之於地而後、女亦跪而取之、女奠、男取、亦如之、陳氏以皆坐、爲句、非是

外內不共井ᄒᆞ며不共湢浴ᄒᆞ며不通寢席ᄒᆞ며不通乞假ᄒᆞ며男女ㅣ不通衣裳이니라

諺 밧과안히우믈을ᄒᆞᆫ가지로아니ᄒᆞ며湢을ᄒᆞᆫ가지로ᄒᆞ야목욕ᄒᆞ디아니ᄒᆞ며자ᄂᆞᆫ돗글通티아니ᄒᆞ며빌며빌리기를通티아니ᄒᆞ며ᄉᆞ나희와겨집이옷과치마ᄅᆞᆯ通티아니ᄒᆞᆯ띠니라

(集解)劉氏曰不共井、嫌同汲也、不共湢浴、嫌相褻也、不通寢席、嫌相親也、不通

乞假、嫌往來也、不通衣裳、惡淆雜也

男子ㅣ入內ᄒᆞ야不嘯不指ᄒᆞ며夜行以燭이니無燭則止ᄒᆞ고女子ㅣ出門에必擁蔽其面ᄒᆞ며夜行以燭이니無燭則止니라

●ᄉᆞ나희안해들어프람ᄒᆞ디아니코ᄀᆞᄅᆞ치디아니ᄒᆞ며밤의ᄃᆞᆫ닐쩨촛블로ᄡᅥᄒᆞᆯ띠니촛블이업거든그치고겨집이門의나매반ᄃᆞ시그ᄂᆞᆾ출ᄀᆞ리오며밤의ᄃᆞᆫ닐쩨촛블로ᄒᆞᆯ띠니촛블이업거든그칠띠니라

(集說)陳氏曰嘯、謂蹙口出聲、指、謂用手指畫、不嘯、不指、謂聲容有異、駭人視聽也、以、用也、擁、障也

道路에男子는由右ᄒᆞ고女子는由左ㅣ니라

●길헤ᄉᆞ나희ᄂᆞᆫ올ᄒᆞᆫ녁으로말미ᄋᆞᆷ고겨집은왼녁흐로말미암을띠니라

「集成」劉氏曰道路之法、其右以行男子、其左以行女子、古之道也

○孔子ㅣ曰婦人은伏於人也ㅣ라是故로無專制之義ᄒᆞ고有三從之道ᄒᆞ니在家從父ᄒᆞ고適人從夫ᄒᆞ고夫死從子ᄒᆞ야無所敢自遂也ᄒᆞ야敎令이不出閨門ᄒᆞ며事在饋食(似)之間而已矣니라

●孔子ㅣ골ᄋᆞ샤ᄃᆡ婦人은사ᄅᆞᆷ의게굴복ᄒᆞᄂᆞᆫ거시라이런故로올오시制홀義업고세가지좃ᄂᆞᆫ道ㅣ인ᄂᆞ니집의이셔ᄂᆞᆫ아비를좃고사ᄅᆞᆷ의게가ᄂᆞᆫ지아비를좃고지아비죽어ᄂᆞᆫ아ᄃᆞᆯ을조차敢히스스로일울배업서괴걸이방門에나디아니ᄒᆞ더일이음식공궤하ᄂᆞᆫᄉᆞ이예이실ᄯᆞᄅᆞᆷ이니라

(增註)專制、自遂、卽下文所謂、擅爲獨成也、饋食、供饋酒食也、己、止也

是故로女ㅣ及日乎閨門之內ᄒᆞ고不百里而奔喪ᄒᆞ며事無擅爲ᄒᆞ며行(去聲)無獨成ᄒᆞ야叅知而後에動ᄒᆞ며可驗而後에言ᄒᆞ며晝不遊庭ᄒᆞ며夜行以火ᄒᆞᄂᆞ니所以正婦德也ㅣ니라

●이런故로겨집이방門안해셔날을졈을오고百里에상ᄉᆞ에ᄃᆞᆺ디아니ᄒᆞ며일이쳔ᄌᆞᄒᆞ야홈이업ᄉᆞ며힝실이홀로일움이업서참예ᄒᆞ야안후에움즉이며可히증험ᄒᆞ얌즉ᄒᆞᆫ후에닐으며나지ᄯᅳᆯ헤ᄃᆞᆫ니디아니ᄒᆞ며밤의ᄃᆞᆫ닐제블로써ᄒᆞᄂᆞ니써겨집의德을正케ᄒᆞᄂᆞᆫ배니라

(集說)陳氏曰及日、猶言終日、不百里、猶言不越境、叅、使人相叅也、驗、證據也、晝居於內而不出中庭、夜行於內而必照以火、凡此、皆所以正婦德而使之正也

女有五不取ᄒᆞ니逆家子를不取ᄒᆞ며亂家子를不取ᄒᆞ며世有刑人이어든

不取ᄒᆞ며 世有惡疾이어든 不取ᄒᆞ며 喪去聲父長子를 不取니라

●져집이다ᄉᆞᆺ가짓取티아니홈이잇ᄂᆞ니반역ᄒᆞᆫ집ᄌᆞ식을取티아니ᄒᆞ며ᄃᆡ마다죄닙은ᄉᆞᄅᆞᆷ이잇거든取티아니ᄒᆞ며ᄃᆡ마다사오나온병이잇거든取티아니ᄒᆞ며아비죽은ᄆᆞᆺᄌᆞ식을取티아니홀띠니라

(集解)逆家、爲其逆德也、亂家、謂其亂人倫也、世有刑人、爲其棄於人也、世有惡疾、爲其棄於天也、喪父長子、爲其無所受命也、或、問世有刑人不取、如上世不賢而子孫賢則如之何、朱子曰所謂不取者、是世世爲惡、不能改者、非指一世而言也、眞氏曰喪父長子不取、先儒、以爲疑、若父雖喪而母賢則其敎女、必有法、又非所拘也

婦有七去ᄒᆞ니 不順父母去ᄒᆞ며 無子去ᄒᆞ며 淫去ᄒᆞ며 妬去ᄒᆞ며 有惡疾去ᄒᆞ며 多言去ᄒᆞ며 竊盜去ㅣ니라

●져집이닐곱가짓내틸이잇ᄂᆞ니父母ᄭᅴ順티아니커든내티며ᄌᆞ식업거든내티며음란커든내티며새옴ᄒᆞ거든내티며사오나온병잇거든내티며말ᄒᆞ거든내티며도적질ᄒᆞ거든내틸띠니라

(集解)不順父母、爲其逆德也、無子、爲其絕世也、淫、爲其亂族也、妬、爲其亂家

也、有惡疾、爲其不可與共供粢盛也、多言、爲其離親也、竊盜、爲其反義也

(增註)無子、有惡疾、命也、而去之、於義未安、必以爲不去、則無以承宗事、繼後世也、處之、亦當以義、何至於去耶、此皆可疑

有三不去ᄒᆞ니有所取오無所歸어든不去ᄒᆞ며與更(경)去聲三年喪이어든不去ᄒᆞ며前貧賤後富貴어든不去ㅣ니라

●세가지내티디아님이잇ᄂᆞ니取ᄒᆞᆫ배잇고도라갈배업거든내티디아니ᄒᆞ며더블어三年喪을디내여든내티디아니ᄒᆞ며前에ᄂᆞᆫ貧賤ᄒᆞ고後에ᄂᆞᆫ富貴ᄒᆞ거든내티디아닐디니라

(集解)有所取、無所歸、謂妻嫁時、有所受命、後無父兄、可與之也、與更三年喪、謂曾居舅姑之喪也、前貧賤後富貴、謂己娶婦時貧賤、而今富貴故、皆不去也

凡此ᄂᆞᆫ聖人이所以順男女之際ᄒᆞ며重婚姻之始也ㅣ니라

●믈읫이ᄂᆞᆫ聖人이써ᄉᆞ나히와겨집의ᄉᆞ이ᄅᆞᆯ順케ᄒᆞ며婚姻의비로솜을重케ᄒᆞ신배니라

(集解)際、謂交際之道、始、謂正始之義、總結此章

○曲禮에曰寡婦之子ㅣ非有見(現)焉이어든弗與爲友ㅣ니라

●曲禮예골오ᄃᆡ寡婦의ᄌᆞ식이나타남이잇디아니커든더블어벋삼디아니홀띠니
라

(集說)陳氏曰、有見、才能卓異也、若非有好德之實、則難以避好色之嫌、故、取友
者、謹之

右는明夫婦之別ᄒᆞ니라

●이우흔남진과겨집의ᄀᆞᆯᄒᆡ옴을ᄇᆞᆯ키니라

孟子ㅣ曰孩提之童이無不知愛其親ᄒᆞ고及其長也ᄒᆞ야無不知
敬其兄也ㅣ니라

●孟子ㅣ골ᄋᆞ샤ᄃᆡ우움웃고안암즉ᄒᆞᆫ아ᄒᆡ그어버이ᄉᆞ랑홈을아디몯홀이업고그
ᄌᆞ라매밋처兄공경홈을아디몯홀이업스니라

(集解)朱子曰孩提、二三歲之間、知孩笑可提抱者、愛親敬兄、所謂良知、良能也

○徐行後長者를謂之弟오(去聲)疾行先長者를謂之不弟니라

●날회여가얼운의게후에홈을닐오ᄃᆡ공슌타ᄒᆞ고ᄲᆞᆯ리가얼운의게몬저홈을닐오
ᄃᆡ공슌티아니타ᄒᆞᄂᆞ니라

(增註)徐、緩也、後長者、在長者之後也、疾、速也、先長者、在長者之先也

○曲禮에曰見父之執ᄒᆞ야不謂之進이어든不敢進ᄒᆞ며不謂之退어든不敢退ᄒᆞ며不問이어든不敢對니라

●曲禮예ᄀᆞᆯ오ᄃᆡ아븨벗을보아나아오라닐ᄋᆞ디아니커든敢히나아가디아니ᄒᆞ며믈러가라닐ᄋᆞ디아니커든敢히믈러가디아니ᄒᆞ며뭇디아니커든敢히ᄃᆡ답디아니홀디니라

(增註)執、謂執志同者、即記、所謂執友也、謂、猶命也、敬之、同於父

○年長以倍則父事之ᄒᆞ고十年以長則兄事之ᄒᆞ고五年以長則肩隨之니라

●나히ᄌᆞ람이써倍ᄒᆞ거든아비로셤기고열히로써ᄌᆞ라거든兄으로셤기고다ᄉᆞᆺ히로써ᄌᆞ라거든엇게로조ᄎᆞᆯ디니라

(集解)肩隨、並行而差退也、此、泛言長少之序、非謂所親也、(增註)人生以十年爲一節倍之則二十年也

○謀於長者ᄒᆞᆯ시必操几杖以從之니長者ㅣ問이어든不辭讓而對ㅣ非禮也ㅣ니라

●얼운의게의논홀ᄉᆡ반ᄃᆞ시几과막대ᄅᆞᆯ잡아ᄡᅥ조ᄎᆞᆯᄯᅵ니얼운이묻거시든辭讓티아니코ᄃᆡ답홈이禮아니니라

(集解)謀於長者、謂往就長者、而謀議也、長者之前、當執謙虛、不辭讓、非事長之道、(集說)應氏曰操几杖以從、非謂長者所無也、執弟子之役、其禮然耳

○從(去聲)於先生ᄒᆞᆯᄉᆡ不越路而與人言ᄒᆞ며遭先生於道ᄒᆞ야趨而進ᄒᆞ야正立拱手ᄒᆞ야先生이與之言則對ᄒᆞ고不與之言則趨而退ᄒᆞ니라

●先生ᄋᆞᆯ조차갈ᄉᆡ길홀건너사ᄅᆞᆷ으로더브러말ᄒᆞ디아니ᄒᆞ며先生ᄋᆞᆯ길헤만나잘리거러나아가바ᄅᆞ셔폴뎡고자先生이더브러말ᄉᆞᆷᄒᆞ거시든ᄃᆡ답ᄒᆞ고더브러말ᄉᆞᆷᄒᆞ디아니커든잘리거러믈러날ᄯᅵ니라

(集解)從、隨行也、越、踰也、戴氏曰禮無二敬、從先生而越路、與人言、則敬有所分矣

從(去聲)長者而上丘陵則必鄉(向)長者所視ᄒᆞ니라

●얼운조차두던에올라ᄂᆞᆫ반ᄃᆞ시얼운보시ᄂᆞᆫ바ᄅᆞᆯ鄕홀ᄯᅵ니라

(集說)陳氏曰高而有向背者、爲丘、平而人可陵者、爲陵、向長者所視、恐有問則卽所見以對也、石梁王氏曰先生、年德俱高、又能敎道人者、長者、則直以年爲稱也

○長者ㅣ與之提攜則兩手로奉長者之手ᄒᆞ고負劒辟(僻)咡詔
之則掩口而對ᄒᆞ니라
●얼운이더불어잡으시거든두손으로얼운의손올밧들고갈ᄎᆞᄃᆞ시ᄒᆞ야입겻ᄒᆡ기
우려말ᄒᆞ시거든입을마리오고ᄃᆡ답홀디니라
(集解)ㄱ攜、謂牽行捧手、所以承長者之意、辟、偏也、咡、口旁也、詔、告語也、掩口
而對、謂以手障口、不使氣觸長者也、(集成)呂氏曰、古之佩劒者、挾之於旁、負劒、
即佩劒也、童子之幼者、長者、或旁挾之、如負劒然、故謂之負劒也
○凡爲(去聲)長者糞之禮는必加帚(츄)於箕上ᄒᆞ며以袂(몌)로拘(句)而
退ᄒᆞ야其塵이不及長者ᄒᆞ고以箕로自鄉(向)而扱(吸)之니라
●믈읫얼운위ᄒᆞ야더러운것쓰ᄂᆞᆫ례도ᄂᆞᆫ반ᄃᆞ시뷔롤키우희언ᄌᆞ며ᄉᆞ매로ᄡᅥ마리
오며믈러나그틧글이얼운의게밋디아니케ᄒᆞ고키로ᄡᅥᄉᆞᄉᆞ로鄕ᄒᆞ야모화담을디
니라
(集解)糞、除穢也、加帚箕上者、初持箕往時、帚置箕上、兩手捧箕、掃時、一手提
帚、擧一手衣袂、以拘障於帚前且掃且移故云、拘而退、扱、斂取也、以箕自向、斂
取糞穢、不以箕、向尊長也、愚、按、先王立敎、纖悉畢具、觀此章、敎子弟糞除之

禮、可見矣、人生是時、自幼穉、即日習事長之方、安於灑掃使令之役、故、能收其放心、養其德性、而驕惰無自生矣、後世、此禮不講、父母溺愛、縱其驕惰、凡奉長之禮、一切委之廝役、子張子、所謂、不能安灑掃應對、病根、隨所居所接而長、是也、近世、魯齋許先生、敎貴游子弟、必先使習灑掃應對之禮、以折其驕恣傲慢之氣、深得古昔敎人之法、吁、爲人父師、有志於敎子弟者、宜深察焉

○將卽席ᄒᆞᆯᄉᆡ容毋怍ᄒᆞ며兩手로摳君侯切衣ᄒᆞ야去齊(ᄌᆞ)尺ᄒᆞ며衣毋撥半末反ᄒᆞ며足毋蹶厥ᄒᆞ며

●쟝ᄎᆞᆺ돗긔나아갈ᄉᆡ용모ᄅᆞᆯ붓그럽게말며두손으로오ᄉᆞᆯ잡아옷기슭이ᄒᆞᆫ자만ᄯᅳ게ᄒᆞ며오ᄉᆞᆯ헤여디게말며발을거티디말며

(集成)呂氏曰、作者、愧赧不安之貌ㅣ愧赧不安、失之野也、(集解)劉氏曰以兩手、摳衣兩旁、免有躡躓失容也、(增註)撥、發揚貌、蹶、行遽貌、二者、皆失容

先生書策琴瑟이在前이어든坐而遷之ᄒᆞ야戒勿越ᄒᆞ며

●先生書策과琴瑟이앏픠잇거든안자셔옴겨조심ᄒᆞ야넘디말며

(集說)孔氏曰坐、亦跪也、弟子、將行、若遇師諸物、或當己前、則跪而遷移之、戒愼不得踰越

坐必安ᄒᆞ며執爾顔ᄒᆞ며長者ㅣ不及이어든毋儳(참)言ᄒᆞ며

●안자ᄆᆞᆯ반ᄃᆞ시편안히ᄒᆞ며네 ᄂᆞᆾ빗ᄎᆞᆯ잡으며으며얼운이미처몯ᄒᆞ여겨시거든말ᄉᆞᆷ을섯디말며

(增註)安、謂不搖動、爾、指少者、執顔、卽正顔色也、(集說)陳氏曰儳、叅錯不齊之貌、長者、言事未竟、少者、不可擧他事爲言、錯雜長者之說

正爾容ᄒᆞ며聽必恭ᄒᆞ며毋勦(초)初交切說ᄒᆞ며毋雷同ᄒᆞ고必則古昔ᄒᆞ야稱先王이니라

●네용모ᄅᆞᆯ正히ᄒᆞ며드름을반ᄃᆞ시온공히ᄒᆞ며말ᄉᆞᆷ을아사ᄒᆞ디말며雷同티말고반ᄃᆞ시녜ᄅᆞᆯ법바다先王을일ᄏᆞᄅᆞᆯ띠니라

(集解)陳氏曰、正爾容、正其一身之容貌也、聽必恭、亦謂聽長者之言也、勦取他人之說、以爲己說、謂之勦說、聞人之言、而附和之、謂之雷同、惟法則古昔、稱述先王、乃爲善耳

○侍坐於先生ᄒᆞᆯ서先生이問焉이어시든終則對ᄒᆞ며請業則起ᄒᆞ고請益則起니라

●先生ᄭᅴ뫼셔안자실시先生이믈거시든ᄆᆞᄎᆞ셔든ᄃᆡ답ᄒᆞ며비홀일을請ᄒᆞᆯ제어든

닐고더홈을請홀제어든닐디니라

(集解)陳氏曰問終而後對、欲盡聞所問之旨、且不敢雜亂先生之言也、請業者、求當習之事、請益者、再問未盡之蘊、起、所以致敬也

○尊客之前에不叱狗ᄒ며讓食不唾ㅣ니라

●尊혼손의압희개롤꾸짓디아니ᄒ며음식ᄉ양홀적의춤밧디아니홀디니라

(集說)方氏曰不叱狗、不以至賤、駭尊者之聽、陳氏曰不唾、嫌於似鄙惡主人之饌也

侍坐於君子홀시君子ㅣ欠伸ᄒ며撰(仕轉切)杖屨ᄒ며視日蚤(早)莫(暮)ㅣ어시든侍坐者ㅣ請出矣니라

●君子ᄭ뫼셔안자실시君子ㅣ하외욤과기지게ᄒ시며매대와신을잡으시며날이일으며졈음을보거시든뫼셔안잣ᄂ이나감을請홀디니라

(集解)君子、謂有德位者、氣乏則欠、體疲則伸、撰、猶持也、視日蚤莫、觀日影也、凡四者、皆厭倦之意、故請退以息之也、一說、撰、數視也、亦通

○侍坐於君子홀시君子ㅣ問更(경)平聲端則起而對니라

●君子ᄭ뫼셔안자실시君子ㅣ믈으심애곳들곳티거시든니러셔디답홀디니라

(集說) 問更端、起而對者、因事變更而起敬也

○侍坐於君子ᄒᆞ시 若有告者ㅣ曰少上聲閒閑이어든 願有復(부)也ㅣ라커든 則左右屛丙而待니라

●君子씌뫼셔안자실식만일告ᄒᆞᆯ이이셔ᄀᆞᆯ오듸져근덧한가ᄒᆞ여든願컨댄ᄉᆞᆲ올일이이셰라커든곧왼녁히며올ᄒᆞᆫ녁ᄒᆞ로츼여셔기ᄃᆞᆯ올며니라

(集說) 鄭氏曰復、白也、言欲須少空閒、有所白也、屛、猶退也、陳氏曰居左則屛於左、居右則屛於右、呂氏曰屛而待、不敢干其私也

○侍飮於長者ᄒᆞ시 酒進則起ᄒᆞ야 拜受於尊(준)所ᄒᆞ듸 長者ㅣ辭ㅣ어든 少者ㅣ反席而飮ᄒᆞ고 長者ㅣ擧未釂醮ㅣ어든 少者ㅣ不敢飮이니라

●얼운의게뫼셔술먹올식술이나아오나든니러尊노ᄒᆞᆫ곧의가절ᄒᆞ고받오듸얼운이말라커시든점은이돗긔도라와먹고얼운이드러셔다먹디몯ᄒᆞ여겨시거든점은이敢히먹디아니ᄒᆞᆯ며니라

(集解) 尊所、置酒尊之所也、辭、止之也、蓋降席拜受、少者當然、尊者、若止之則還席而飮也、擧、猶飮也、釂飮盡酌也、待長者飮盡、而後少者、不敢先也

○長者ㅣ賜ㅣ어든 少者賤者ㅣ不敢辭ㅣ니라

●얼운이주시거든졈은이와賤ᄒᆞᆫ이敢히ᄉᆞ양티아니ᄒᆞᆯ디니라

(集解)陳氏曰、辭而後受、平交之禮、非少賤事尊貴之道、(集成)陳氏曰上之賜也、以恩、下之受也、以義、義之所可、雖長者之賜、不敢辭、義之所不可、雖君賜、有所不受

○御同於長者ᄒᆞᆯ셰雖貳ㅣ나不辭ᄒᆞ며偶坐不辭ㅣ니라

●얼운의게뫼셔ᄒᆞᆫ가지로ᄒᆞᆯ시비록여러번이나ᄉᆞ양티아니ᄒᆞ며ᄀᆞᆯ와안자셔ᄂᆞᆫᄉᆞ양티아니ᄒᆞᆯ디니라

(集解)陳氏曰御、侍也、貳、益物也、侍食者、雖獲殽饌之重、而不辭其多者、以此饌、本爲長者設耳、偶者、配偶之義、因其有賓、而己亦配偶於坐、故亦不辭也

○侍於君子ᄒᆞ야不顧望而對ㅣ非禮也ㅣ니라

●君子ᄭᅴ뫼셔셔도라ᄇᆞ라디아니코ᄃᆡ답홈이禮아니니라

(集說)呂氏曰顧望而後、對者、不敢先他人言也、應氏曰有察言觀色之意

○少儀에曰尊長이於己에踰等이어든不敢問其年ᄒᆞ며燕見現에不將命ᄒᆞ며遇於道ᄒᆞ야見則面ᄒᆞ고不請所之니라

●少儀에ᄀᆞᆯ오ᄃᆡ尊長이내거긔층이넘거든敢히그나흘묻디아니ᄒᆞ며ᄉᆞᄉᆞ로뵈ᄋᆞ

울제命을가져ᄃᆞᆫ니게아니ᄒᆞ며길헤만나셔보셔든뵈ᄋᆞᆸ고구시ᄂᆞᆫ바ᄅᆞᆯ믇디아니ᄒᆞᆯᄯᆡ니라

(集解)少儀、禮記篇名、燕、私也、之、往也、陳氏曰踰等、祖、與父之行(平聲)也、不敢問年、嫌若序齒也、不將命、謂不使擯者傳命、非賓主之禮也、若遇尊長於路、尊者、見則趨見之、不見則隱避、不欲煩動之也、不請所之、不敢問其所往也

侍坐애**弗使**ㅣ어든**不執琴瑟**ᄒᆞ며**不畫地**ᄒᆞ며**手無容**ᄒᆞ며**不翣**(삽)**也**ᄒᆞ며**寢則坐而將命**이니라

● 뫼셔안자심애시기다아니커시든琴과瑟을잡다아니ᄒᆞ며ᄯᅡ홀그리힐후다아니ᄒᆞ며손을즛ᄒᆞ디말며부체질아니ᄒᆞ며누어겨시거든ᄭᅮᆯ어命을옴길ᄯᆡ니라

(集解)翣、扇也、坐、跪也、(集說)陳氏曰侍坐於尊者、不使之執琴瑟、則不得擅執而鼓之、無故而畫地、亦爲不敬、手容恭、若擧手以爲容、亦爲不恭、時雖暑熱、不得揮扇、若當尊長寢臥之時、而傳命、必跪而言之、不可直立以臨之也

侍射則約矢ᄒᆞ고**侍投則擁矢**ᄒᆞ더**勝則洗**(蘇典反)**而以請**이니라

● 뫼셔활ᄡᅩᆯ적이어든살을모도잡고모셔투호ᄐᆞᆯ적이어든살을모도안으며이긔여든잔시서ᄡᅧ請ᄒᆞᆯᄯᆡ니라

(集說)陳氏曰凡射、必二人爲耦、楅在中庭、箭置於楅、上耦、前取一矢、次下耦、又進取一矢、如是更進、各得四矢、若卑者、侍射則不敢更迭取之、但一時并取四矢、故謂之約矢也、投壺之禮、亦賓主各四矢、尊者則委四矢於地、一一取而投之、卑者、不敢委於地、故悉擁抱之也、射與投壺之禮、勝者之弟子、酌酒置于豊上、其不勝者、跪而飮之、若卑者得勝、則不敢徑酌、當洗爵而請行觴也

○王制예曰父之齒를隨行ᄒᆞ고兄之齒를鴈行ᄒᆞ고朋友ᄂᆞᆫ不相踰ㅣ니라

諺 王制예ᄀᆞᆯ오ᄃᆡ아비의나ᄀᆞᆺᄒᆞᆫ이ᄅᆞᆯ조차ᄃᆞᆫ니고兄의나ᄀᆞᆺᄒᆞᆫ이ᄅᆞᆯ기러기뎨로ᄃᆞᆫ니고벗은서르내겻디아니ᄒᆞᆯ디니라

(集說)陳氏曰、父之齒、兄之齒、謂其人、年與父等、或與兄等也、隨行、隨其後也、鴈行、並行而隨後也、朋友、年相若則彼此不可相踰越、而有先後、言並行而齊也

輕任을并ᄒᆞ고(去聲)重任을分ᄒᆞ야頒(班)白者ㅣ不提挈(혈)이니라

諺 가ᄇᆡ야온짐을뫼호고므거운짐을논화반만셴이잡드디아넛ᄂᆞ니라

(集解)任、擔也、并、獨任之也、分、折而二之也、言輕則少者、獨任之、重則分任之也、頒白、老人頭半白黑者、提挈、以手提物也、不提挈、少者代之也

君子耆其老ᄂᆞᆫ不徒行ᄒᆞ고庶人耆老ᄂᆞᆫ不徒食이니라

●君子ᄂᆞᆫ늘근이ᄂᆞᆫ거러ᄃᆞᆫ니디아니ᄒᆞ고庶人늘근이ᄂᆞᆫ민밥먹디아니ᄒᆞᄂᆞ니라

(集說)吳氏曰六十曰耆、七十曰老、徒、猶空也 方氏曰徒行、謂無乘而行也、徒食、謂無羞而食也

○論語에曰鄕人飮酒에杖者ㅣ出이어든斯出矣러시다

●論語의ᄀᆞᆯ오ᄃᆡ향당앳사ᄅᆞᆷ술먹이예막대딥ᄒᆞ니나가거든이예나가더시다

(集說)朱子曰杖者、老人也、六十、杖於鄕、未出、不敢先、旣出、不敢後

右ᄂᆞᆫ明長幼之序ᄒᆞ니라

●이우ᄒᆞᆫ얼운과아희ᄎᆞ례ᄅᆞᆯᄇᆞᆯ키니라

○曾子ㅣ曰君子ᄂᆞᆫ以文會友ᄒᆞ고以友輔仁이니라

●曾子ㅣᄀᆞᆯ오샤ᄃᆡ君子ᄂᆞᆫ글로ᄡᅥ벋을뫼호고벋으로ᄡᅥ仁을돕ᄂᆞ니라

(集說)朱子曰講學以會友則道益明、取善以輔仁則德日進

○孔子ㅣ曰朋友ᄂᆞᆫ切切偲偲(싀)媤ᄒᆞ고兄弟ᄂᆞᆫ怡々니라

○孔子ㅣᄀᆞᆯ오샤ᄃᆡ벋은切切ᄒᆞ며偲偲ᄒᆞ고兄弟ᄂᆞᆫ화열히홀ᄯᅵ니라

(集說)胡氏曰切切 懇到也、偲偲、詳勉也、怡怡、和悅也

○孟子ㅣ曰責善은朋友之道也ㅣ니라

●孟子ㅣ갈ᄋᆞ샤ᄃᆡ어딜모로責홈은벗의道ㅣ니라

(集說)朱子曰朋友、當相責以善也、(集成)程子曰責善之道、要使誠有餘而言不足、則於人有益、而在我者、無辱矣

○子貢이問友ᄒᆞᆫ대孔子ㅣ曰忠告谷ᄒᆞ야而善道之호ᄃᆡ不可則止ᄒᆞ야毋自辱焉이니라

●子貢이벗을묻ᄌᆞ온대孔子ㅣ갈ᄋᆞ샤ᄃᆡ튱셩으로고ᄒᆞ며잘닐오ᄃᆡ可티아니커든그쳐스ᄉᆞ로辱디말올디니라

(集解)子貢、孔子弟子、姓端木、名賜、朱子曰友、所以輔仁、故盡其心以告之、善其說以道之、然、以義合者也、故不可則止、若以數朔而見疏、則自辱矣

○孔子ㅣ曰居是邦也ᄒᆞ야事其大夫之賢者ᄒᆞ며友其士之仁者ㅣ니라

●孔子ㅣ갈ᄋᆞ샤ᄃᆡ이나라희이셔그대우의어딘이를셤기며그士의仁ᄒᆞᆫ이를벗홀디니라

(集說)朱子曰賢、以事言、仁、以德言、陳氏曰事大夫之賢者、則有所嚴憚、友士之

仁者、則有所切磋、皆進德之助也

○益者ㅣ三友ㅣ오損者ㅣ三友ㅣ니友直ᄒᆞ며友諒ᄒᆞ며友多聞이면益矣오友便(平聲)辟(僻)友善柔ᄒᆞ며友便佞이면損矣니라

●유익ᄒᆞᆫ이세가짓벗이오해로온이세가짓벗이니벗이直ᄒᆞ며벗이신실ᄒᆞ며벗이들온것ᄒᆞ면유익ᄒᆞ고벗이거동만이그며벗이아당ᄒᆞ기잘ᄒᆞ며벗이말솜만이그면해로오니라

(集解)諒、信實也、善、猶工也、朱子曰友直則聞其過、友諒則進於誠、友多聞則進於明、便、習熟也、便辟、謂習於威儀而不直、善柔、謂工於媚悅而不諒、便佞、謂習於口語而無聞見之實、三者損益、正相反也

○孟子ㅣ曰不挾長ᄒᆞ며不挾貴ᄒᆞ며不挾兄弟而友ㅣ니友也者ᄂᆞᆫ友其德也ㅣ라不可以有挾也ㅣ니라

●孟子ㅣ글ᄋᆞ샤ᄃᆡ얼운이로라ᄒᆞ야셰다아니ᄒᆞ며貴호라ᄒᆞ야셰디아니ᄒᆞ며兄弟를셰번ᄒᆞ다아닐띠니번이란거슨그德을번삼ᄂᆞᆫ디라可히뼈셤을두디몯ᄒᆞᆯ새시니라

(集解)挾者、兼有而恃之之稱、挾兄弟、謂己有兄弟之助、而不資於人也、陳氏曰

有挾則取友之意、不誠、賢者、必不與之友矣

○曲禮예曰君子ᄂᆞᆫ不盡人之歡ᄒᆞ며不竭人之忠ᄒᆞ야以全交也ㅣ니라

(諺)曲禮예ᄀᆞᆯ오ᄃᆡ君子ᄂᆞᆫ사ᄅᆞᆷ의즐겨홈을다ᄒᆞ디아니ᄒᆞ며사ᄅᆞᆷ의졍셩을다ᄒᆞ디아니ᄒᆞ야ᄡᅥ사괴욤을올게ᄒᆞᄂᆞ니라

(集解)呂氏曰盡人之歡、竭人之忠、皆責人厚者也、責人厚而莫之應、此、交所以難全也、歡、謂好於我也、忠、謂盡心於我也、好於我者、望之不深、盡心於我者、不要其必盡、則不至於難繼也

○凡與客入者ㅣ每門에讓於客ᄒᆞ야客至寢門이어든主人이請入爲席然後에出迎客호ᄃᆡ客이固辭ㅣ어든主人이肅客而入이니라

(諺)믈읫손과더블어드러가ᄂᆞᆫ이門마다손의게ᄉᆞ양ᄒᆞ야손이안門에니르거든主人이들어가돗ᄀᆞᆯ셔라지라請ᄒᆞᆫ후에나와손을마조ᄃᆡ손이구ᄐᆡ여ᄉᆞ양커든主人이손을읍ᄒᆞ야들어갈디니라

(集說)陳氏曰讓於客、欲客先入也、爲、猶布也、孔氏曰天子五門、諸侯三門、大夫二門、禮有三辭、初曰禮辭、再曰固辭、三曰終辭、呂氏曰肅客者、俯手以揖之、所謂肅拜也

主人은入門而右ᄒᆞ고客은入門而左ᄒᆞ야主人은就東階ᄒᆞ고客은就西階ᄒᆞ되客若降等則就主人之階니主人이固辭然後에客이復就西階니라

●主人은門의들어올흔녁흐로가고손은門의들어왼녁흐로가主人은東階예나아가고손은西階예나아가되손이만일층이ᄂᆞ리거든主人의階에나아갈띠니主人이구태여ᄉᆞ양ᄒᆞᆫ후에아손이다시西階로나아갈띠니라

(集解)陳氏曰入右、所以趨東階、入左、所以趨西階、降等者、其等列、卑於主人也、主人固辭者、不敢當客之尊己也

主人이與客讓登ᄒᆞ야主人이先登이어든客이從之ᄒᆞ야拾涉級聚足ᄒᆞ야連步以上ᄒᆞ되上於東階則先右足ᄒᆞ고上於西階則先左足이니라

●主人이손과더블어올ᄋᆞ기를ᄉᆞ양ᄒᆞ야主人이몬져올ᄋᆞ거든손이조차층을드ᄃᆡ여발을모도와거롬을니어뻐올오ᄃᆡ東階예올ᄋᆞ거든올흔발을몬저ᄒᆞ고西階예올ᄋᆞ거든왼발을몬저홀띠니라

(集解)鄭氏曰拾、當作涉、聲之誤也、陳氏曰讓登、欲客先升也、客不敢當、故主人先而客繼之、拾級、涉階之級也、聚足、後足與前足、相合也、連步、步相繼也、先

右、先左、各順入門之左右也

○大夫士ㅣ相見에雖貴賤이不敵ᄒᆞ나主人이敬客則先拜客ᄒᆞ고客이敬主人則先拜主人이니라

●태우와士ㅣ서르봄애비록貴와賤이맛디아니ᄒᆞ나主人이손을공경커든몬져손을절ᄒᆞ고손이主人을공경커든몬져主人을절홀띠니라

(集解)孔氏曰惟賢是敬、不計貴賤也

○主人이不問이어든客이不先擧ㅣ니라

●主人이묻디아니커든손이몬져들어닐ᄋᆞ디아니홀때니라

(增註)客、自外至、主人、當先致問、客不當先擧言

右ᄂᆞᆫ明朋友之交ᄒᆞ니라

●이우ᄒᆞᆫ벗사괴욤을ᄇᆞᆯ키니라

孔子ㅣ曰君子之事親이孝故로忠可移於君이오事兄이弟去聲故로順可移於長이오居家ㅣ理故로治可移於官이니是以로行去聲成於內而名立於後世矣니라

●孔子ㅣ갈ᄋᆞ샤ᄃᆡ君子의어버이셤김이효도로온故로츙셩을可히님금ᄭᅴ옮기고兄셤김이공슌ᄒᆞᆫ故로공슌홈을可히얼운의게옮기고집의살옴이다ᄉᆞᆫ故로다ᄉᆞ림을可히구위예옮기ᄂᆞ니이러모로ᄡᅥ힝실이안희일어일홈이後世예셔ᄂᆞ니라

(集解)長、謂職位在己上者、夫孝弟、爲百行之原、故、事親、孝則可移爲事君之忠矣、事兄、弟則可移爲事長之順矣、家者、國之本、能齊其家、則可移爲居官之治矣、行成於內、猶言不出家而成敎也

○天子ㅣ有爭(去聲下同)臣七人이면雖無道ㅣ나不失其天下ᄒᆞ고諸侯ㅣ有爭臣五人이면雖無道ㅣ나不失其國ᄒᆞ고大夫ㅣ有爭臣三人이면雖無道ㅣ나不失其家ᄒᆞ고士有爭友則身不離(去聲)於令名ᄒᆞ고父有爭子則身不陷於不義니라

●天子ㅣ간ᄒᆞ는신하닐굽사ᄅᆞᆷ을두면비록道ㅣ업스나그天下를일티아니ᄒᆞ고諸侯ㅣ간ᄒᆞ는신하다ᄉᆞᆺ사ᄅᆞᆷ을두면비록道ㅣ업스나그나라ᄒᆞᆯ일디아니ᄒᆞ고대위간ᄒᆞ는신하세사ᄅᆞᆷ을두면비록道ㅣ업스나그집을일티아니ᄒᆞ고士ㅣ간ᄒᆞ는벗을두면몸이어딘일홈애ᄠᅥ나디아니ᄒᆞ고아비간ᄒᆞ는아ᄃᆞᆯ을두면몸이올티아니ᄒᆞᆫᄃᆡᄲᅡ디디아니ᄒᆞᄂᆞ니라

(集說)陳氏曰爭、諫也、父有爭子、通上下言、不義、即無道也

故로當不義則子不可以弗爭於父ㅣ며臣不可以弗爭於君이니라

●그런故로올티아니ᄒᆞᆫ디다ᄃᆞ라ᄂᆞᆫ아ᄃᆞᆯ이可히ᄡᅥ아비게간티아니티몯ᄒᆞᆯ쌔시며신해可히ᄡᅥ님금ᄭᅴ간티아니티몯ᄒᆞᆯ쌔시니라

(集解)范氏曰子不爭則陷父於不義、臣不爭則陷君於無道

○禮記에曰事親호ᄃᆡ有隱而無犯ᄒᆞ며左右就養去聲이無方ᄒᆞ며服勤至死ᄒᆞ며致喪三年이니라

●禮記예ᄀᆞᆯ오ᄃᆡ어버이롤셤기되隱홈이잇고犯홈이업스며왼녀히며올ᄒᆞᆫ녀ᄒᆞ로나아가봉양홈이곧이업스며슈고로온일을복힝ᄒᆞ야죽음애닐으며거상을극진히홈을三年을홀ᄯᅵ니라

(增註)隱、微諫也、犯、犯顏以諫也、親者、仁之所在、有過而犯、則傷恩、故有隱而無犯、左右、則方也、或左、或右、近就而奉養之、無一定之方、言、事事皆當理會也服勤、服行勤勞之事也、黃氏曰於勤、言至死則勤無時或已矣、(集解)致喪、極其哀毁之節也

事君호ᄃᆡ有犯而無隱ᄒᆞ며左右就養이有方ᄒᆞ며服勤至死ᄒᆞ며方喪三

年이니라

●님금을섬기되犯홈이잇고隱홈이업스며왼녁히며올흔녁흐로나아가봉양홈이곳이이시며슈고로온일을복힝ᄒᆞ야죽음애닐으며거상을ᄀᆞᆺ티ᄒᆞ야三年을홀디니라

(增註)君者、義之所在、有過而隱、則近於容悅、故有犯而無隱、左右就養有方、言當各盡職守也、(集解)方喪、比方於親喪也

事師ᄒᆞ되無犯無隱ᄒᆞ며左右就養이無方ᄒᆞ며服勤至死ᄒᆞ며心喪三年이니라

●스승을섬기되犯홈도업고隱홈도업스며왼녁히며올흔녁흐로나아가봉양홈이곳이업스며슈고로온일을복힝ᄒᆞ야죽음애닐으며心喪을三年을홀디니라

(集解)師者、道之所在、諫必不見拒、不必犯也、過則當疑問、不必隱也、心喪者、身無衰麻之服、而心有哀戚之情也

○欒共(恭)子ㅣ曰民生於三이라事之如一이니父ㅣ生之ᄒᆞ시고師ㅣ敎之ᄒᆞ시고君이食(似下同)之ᄒᆞ시ᄂᆞ니非父ㅣ면不生이오非食ㅣ면不長이오非敎ㅣ면不知니生之族也ㅣ라故로一事之ᄒᆞ야唯其所在에則致死焉이니라

●欒共子ㅣᄀᆞᆯ오ᄃᆡ빅셩이세헤生ᄒᆞ엿ᄂᆞᆫ디라셤김을ᄒᆞᆫ양ᄀᆞᆺ티홀디니아비나ᄒᆞ시고스승이ᄀᆞᄅᆞ치시고님금이먹이시ᄂᆞ니아비아니시면나디못ᄒᆞ고먹임이아니면잘아디못ᄒᆞ고ᄀᆞᄅᆞ침이아니면아디못홀디니나ᄒᆞ신류ㅣ라그러모로ᄒᆞᆫ양으로셤겨오직그인ᄂᆞᆫ바애곳죽음을닐윌디니라

(集說)吳氏曰欒共子、晋大夫、名成、謚曰共、族、類也、言於君父師三者、事之當如一、父、生我、師、敎我、君、食我者也、非父則不生、非食則不長、非敎則不知、此食之敎之、所以與生之一類也、一事之、卽所謂事之如一也、所在致死、謂在君爲君、在父爲父、在師爲師也、(增註)食、養也、君父師、皆人之所由生也、故曰民生於三

報生以死ᄒᆞ며報賜以力이人之道也ㅣ니라

●살게ᄒᆞ삼ㅣ을갑호ᄃᆡ죽음으로써ᄒᆞ며주심을갑호ᄃᆡ힘으로써홈이사ᄅᆞᆷ의道ㅣ니라

(集解)眞氏曰報生以死、謂君父師也、報賜以力、謂他人之有賜於我者、則亦以力報之也

○晏子ㅣ曰君令臣共恭ᄒᆞ며父慈子孝ᄒᆞ며兄愛弟敬ᄒᆞ며夫和妻柔ᄒᆞ며姑慈婦聽이禮也ㅣ니라

●晏子ㅣ골오ᄃᆡ님금은긔걸ᄒᆞ고신하ᄂᆞᆫ공슌히ᄒᆞ며아비ᄂᆞᆫ어엿비너기고ᄌᆞ식은효도ᄒᆞ며兄은ᄉᆞ랑ᄒᆞ고아ᄋᆞᆫ공경ᄒᆞ며지아비ᄂᆞᆫ화열ᄒᆞ고안해ᄂᆞᆫ유슌ᄒᆞ며싀어미ᄂᆞᆫ어엿비너기고며ᄂᆞ리ᄂᆞᆫ들옴이禮니라

(集說)陳氏曰晏子、齊大夫、名嬰、聽、猶從也、眞氏此十者、皆禮之當然

君令而不違ᄒᆞ며臣共恭而不貳ᄒᆞ며父慈而敎ᄒᆞ며子孝而箴ᄒᆞ며兄愛而友ᄒᆞ며弟敬而順ᄒᆞ며夫和而義ᄒᆞ며妻柔而正ᄒᆞ며姑慈而從ᄒᆞ며婦聽而婉이禮之善物也ㅣ니라

●임금은긔걸호ᄃᆡ어글웃게아니ᄒᆞ면신하ᄂᆞᆫ공슌호ᄃᆡ두가지로아니ᄒᆞ며아비ᄂᆞᆫ어엿비너기ᄃᆡ ᄀᆞᄅᆞ치며아ᄃᆞᆯ은효도호ᄃᆡ간ᄒᆞ며兄은ᄉᆞ랑호ᄃᆡ벋ᄀᆞ티ᄒᆞ며아ᄋᆞᆫ공경호ᄃᆡ화슌ᄒᆞ며지아비ᄂᆞᆫ화열호ᄃᆡ올히ᄒᆞ며안해ᄂᆞᆫ유슌호ᄃᆡ正다이ᄒᆞ며싀어미ᄂᆞᆫ어엿비너기고도조ᄎᆞ며며ᄂᆞ리ᄂᆞᆫ들좁고도완슌홈이禮에어딘일이니라

(集說)陳氏曰箴、諫也、從、不自專也、婉、順也、物、猶事也、眞氏曰君以出令爲職、要必不違於理然後、人心服而令行、臣之事君、以恭爲本、然、必忠誠不二然後、可貴、父慈而不能敎、則敗其子、子孝而不能箴、則陷父於不義、兄能愛弟矣、必有切磋之益、如朋友之相資、弟能敬兄矣、必有和順之美、使情意之相親、夫之於妻、雖貴和樂、必以義而帥其妻、妻之於夫、雖貴柔順、必以正而事其夫、君臣以下、皆

以二德相濟、姑之於婦、一於慈而從、婦之於姑、一於聽而婉者、蓋婦姑相與、專主於和柔也、此十者、於禮爲至善

○曾子ㅣ曰親戚이不說(悅)이어든不敢外交ᄒᆞ며近者ㅣ不親이어든不敢求遠ᄒᆞ며小者ᄅᆞᆯ不審이어든不敢言大ㅣ니라

●曾子ㅣ골ᄋᆞ샤ᄃᆡ 親戚이깃거티아니커든敢히밧긔가사괴디아니ᄒᆞ며갓가온이親다아니커든敢히먼ᄃᆡ 가求티아니ᄒᆞ며쟈근이ᄅᆞᆯᄉᆞᆯ피디몯ᄒᆞ야거든敢히큰이ᄅᆞᆯ닐ᄋᆞ디아닐띠니라

(集說)吳氏曰親戚、謂父兄、外、謂外人、言、不能奉親戚、使之懽悅、則豈敢交之於外乎、近、卽親戚、遠、卽外人、言、近者不能相親、又豈敢求之於遠者乎、小、謂孝弟之道、以家而言也、大、謂治平之道、以國與天下而言也、言小者、不能審察、又豈敢言其大者乎、曾子、敎人、當及時以盡孝弟、故、先言此三者、以起下文之意

故로人之生也애百歲之中에有疾病ᄒᆞ며有老幼ᄒᆞ니故로君子ㅣ思其不可復(복)者而先施焉ᄒᆞᄂᆞ니 親戚이旣沒이면雖欲孝ㅣ나誰爲(去聲)孝ㅣ며年旣耆(其)艾면雖欲悌나誰爲(去聲)悌리오故로孝有不及ᄒᆞ며悌有不時ᄒᆞ니라其此之謂歟ㄴ뎌

●그러모로사름이사라실제ᄇ년가온대疾病도이시며늘그며졈은적이인ᄂ니그러모로君子ㅣ可히다시못홀새슬싱각ᄒ야몬저베프ᄂ니親戚이이믜죽으면비록효도ᄒ고져ᄒ나눌을위ᄒ야孝ᄒ며나히이믜늘그면비록悌ᄒ고져ᄒ나눌을위ᄒ야悌ᄒ리오그러모로孝ㅣ밋디못홈이이시며悌ㅣ때예못홈이잇다ᄒ니그이롤닐옴인뎌

(集說)吳氏曰六十曰耆、稽久之稱也、五十曰艾、言髮之蒼白者、如艾之色也、人壽以百歲爲期、然、其間、有疾病老幼之變、不能常也、故、君子、思其不可復爲者、及時而先行之也、若親沒則養不逮、己老則兄不存、雖欲行孝悌、不可得也

○官怠於宦成ᄒ며病加於小愈ᄒ며禍生於懈惰ᄒ며孝衰於妻子ᄒᄂ니察此四者ᄒ야愼終如始ㅣ니詩曰靡不有初ㅣ나鮮克有終이라ᄒ니라

●구실은벼슬이일온애게을으며病은적이위연홈애더으며화란은게을옴애나며효도ᄂ妻子애衰ᄒᄂ니이네가지롤슬펴내종삼가기롤처엄ᄀᆺ티홀디니모시예ᄀᆯ오ᄃᆡ처엄은잇디아닌이업스나능히내종이실이젹다ᄒ니라

(集說)吳氏曰宦成、官己遂也、小愈、病稍減也、臨事而懈惰、則禍生於所忽矣、孝衰於妻子、則溺愛而忘親矣、詩、大雅蕩之篇、靡、無也、鮮、少也、克、能也、有始無終、人之常情、能察能愼、斯免矣

○荀子ㅣ曰人有三不祥ᄒᆞ니幼而不肯事長ᄒᆞ며賤而不肯事貴ᄒᆞ며不肖而不肯事賢이是人之三不祥也ㅣ니라

●荀子ㅣ글오ᄃᆡ사ᄅᆞᆷ이 세不祥이이시니졈고얼운셤김을즐겨아니ᄒᆞ며賤ᄒᆞ고貴ᄒᆞᆫ이셤김을즐겨아니ᄒᆞ며不肖ᄒᆞ고어딘 이셤김을즐겨아니홈이이사ᄅᆞᆷ의세不祥이니라

(集說)陳氏曰荀子、名况、戰國時人、祥、吉也、三者、皆凶德、有一於是、灾及其身矣

○無用之辯과不急之察을棄而不治ᄒᆞ니若夫君臣之義와父子之親과夫婦之別은則日切磋而不舍也ㅣ니라

●ᄡᅳ듸업슨의론과急디아니ᄒᆞᆫ술핌을ᄇᆞ려다ᄉᆞ리디아니홀ᄯᅵ니만일님금신하의義와아비아ᄃᆞᆯ의親홈과夫婦의ᄀᆞᆯᄒᆡ옴은곧날로切磋ᄒᆞ야ᄇᆞ리디아닐ᄯᅵ니라

(增註)治、理也、舍、亦棄也、切以刀鋸、磋以鑢錫、皆治骨角之事、無用之言而辯之、不急之務而察之、非惟無益、反害於心、故、當棄而不理、若夫三綱之道、乃人倫之大者、則當朝夕講習、如切如嗟、已精而益求其精、不可舍也

右ᄂᆞᆫ通論이라

●이우ᄂᆞᆫ通ᄒᆞ야의론ᄒᆞᆫ거시라

原本小學集註卷之二

原本小學集註卷之三

敬身第三이라

●몸공경홈이니ᄎ례예셋재라

(集說)陳氏曰敬身者、敬以持身也、凡四十六章

孔子ㅣ曰君子ㅣ無不敬也ㅣ나敬身이爲大ᄒ니라 身也者는 親之枝也ㅣ니 敢不敬與아平聲 不能敬其身이면是는 傷其親이오 傷其親이면是는 傷其本이니 傷其本이면 枝從而亡이라ᄒ시니 仰聖模ᄒ며 景賢範ᄒ야 述此篇ᄒ야 以訓蒙士ᄒ노라

●孔子ㅣ ᄀᆞᆯᄋᆞ샤ᄃᆡ君子ㅣ 공경티아니홈이업스나몸공경홈이큰이라몸은어버의가지니敢히공경 티아니랴能히 그몸을공경티못ᄒ면이ᄂᆞᆫ그어버이ᄅᆞᆯ傷홈이오그어버이ᄅᆞᆯ傷ᄒ면 이ᄂᆞᆫ그근본을傷홈이니 그근본을傷ᄒ면가지조차업ᄂᆞ니라ᄒ시니셩 인의규모ᄅᆞᆯ울얼며 현인의법을의방ᄒ야이篇을ᄆᆡᆼᄀᆞ라ᄡᅥ어린션ᄇᆡᄅᆞᆯᄀᆞᄅᆞ치노라

(集說)方氏曰身之於親、猶木之有枝、親之於身、猶木之有本、相須而共體、此

所以不敢不敬也、陳氏曰仰、猶慕也、景、猶向也、聖賢之言、爲天下後世法、故、曰模範

丹書에曰敬勝怠者는吉ᄒᆞ고怠勝敬者는滅ᄒᆞ며義勝欲者는從ᄒᆞ고欲勝義者는凶ᄒᆞ니라

●丹書에ᄀᆞᆯ오ᄃᆡ공경이게을옴을이긔ᄂᆞᆫ이ᄂᆞᆫ吉ᄒᆞ고게을옴이공경을이긔ᄂᆞᆫ이ᄂᆞᆫ滅ᄒᆞ며올ᄒᆞᆫ일이욕심을이긔ᄂᆞᆫ이ᄂᆞᆫ슌ᄒᆞ고욕심이올ᄒᆞᆫ일을이긔ᄂᆞᆫ이ᄂᆞᆫ凶ᄒᆞ니라

(集解)丹書、見大戴禮、敬者、主一無適之謂、怠、惰慢、滅、亡也、義者、天理之公、欲者、人欲之私、從、順也、眞氏曰師尙父之告武王、不出敬與義之二言、蓋敬則萬善俱立、怠則萬善俱廢、義則理爲之主、欲則物爲之主、吉凶存亡之所由分也

○曲禮에曰毋不敬ᄒᆞ야儼若思ᄒᆞ며安定辭ᄒᆞ면安民哉ㄴ뎌

○曲禮에ᄀᆞᆯ오ᄃᆡ공경티아니티말아엄연히ᄉᆡᇰ각ᄒᆞᄂᆞᆫ듯ᄒᆞ며말ᄉᆞᆷ이편안ᄒᆞ고일뎡ᄒᆞ면ᄇᆡᆨ셩을편안케ᄒᆞᆯ인뎌

(集解)毋、禁止辭、眞氏曰毋不敬者、謂身心內外、不可使有一毫之不敬也、其容貌、必端儼而若思、其言辭、必安定而不遽、以此臨民、民有不安者乎、此雖四言、而修身治國之道、略備、其必聖賢之遺言歟

敖[傲]不可長[上聲]이며欲不可從[縱]이며志不可滿이며樂[洛]不可極이니라

●오만홈을可히길우디몯ᄒᆞᆯ재시며욕심을可히방죵히몯ᄒᆞᆯ재시며뜯을可히ᄎᆞ게몯ᄒᆞᆯ재시며즐감을可히 極히몯ᄒᆞᆯ재시니라

(集解)應氏曰敖之反、爲傲、情之動、爲欲、志滿則溢、樂極則反、馬氏曰傲不可長者、欲消而絶之也、欲不可縱者、欲克而止之也、志不可滿者、欲損而抑之也、樂不可極者、欲約而歸於禮也

賢者는狎而敬之ᄒᆞ고畏而愛之ᄒᆞ며愛而知其惡ᄒᆞ고憎而知其善ᄒᆞ며積而能散ᄒᆞ며安安而能遷ᄒᆞᄂᆞ니라

●어딘이ᄂᆞᆫ찬압호ᄃᆡ공경ᄒᆞ고두려호ᄃᆡᄉᆞ랑ᄒᆞ며ᄉᆞ랑호온ᄃᆡ그사오나옴을알고믜여ᄒᆞᄂᆞᆫᄃᆡ그어디롬을알며싸하두ᄃᆡ能히흐트며편안ᄒᆞᆫᄃᆡᄅᆞᆯ편안히녀교ᄃᆡ能히옮ᄂᆞ니라

(集解)朱子曰此、言賢者、於其所狎、能敬之、於其所畏、能愛之、於其所愛、能知其惡、於其所憎、能知其善、雖積財而能散施、雖安安而能徙義、可以爲法、與上下文禁戒之辭、不同、應氏曰安安者、隨所安而安也、安者、仁之順、遷者、義之決

臨財毋苟得ᄒᆞ며臨難[去聲]毋苟免ᄒᆞ며毋求勝ᄒᆞ며分[去聲]毋求多ㅣ니라

●ᄌᆡ믈에다ᄃᆞ라구챠히엇디말며환란의다ᄃᆞ라구챠히免티말며싸홈애이긔욤을求티말며ᄂᆞᆫ홈애만함을求티말올디니라

(集說)陳氏曰苟、苟且、狠、鬪狠、分、分財、 陳氏曰毋苟得、見利思義也、毋苟免、守死善道也、狠毋求勝、忿思難也、分毋求多、不患寡而患不均也

疑事를毋質ᄒᆞ야直而勿有ㅣ니라

●의심된일을質티말아바ᄅᆞ니를만ᄒᆞ고有티말올디니라

(集解)朱子曰兩句連說、爲是、疑事毋質、卽少儀所謂毋身質言語也 、直而勿有、謂陳我所見、聽彼決擇、不可據而有之、專務强辨

○孔子ㅣ曰非禮勿視ᄒᆞ며非禮勿聽ᄒᆞ며非禮勿言ᄒᆞ며非禮勿動이니라

●孔子ㅣᄀᆞᆯᄋᆞ샤ᄃᆡ禮아니어든보디말며禮아니어든듯디말며禮아니어든닐ᄋᆞ디말며禮아니어든움즈기디말올디니라

(集說)朱子曰非禮者、己之私也、勿者、禁止之辭、是、人心之所以爲主、而勝私復禮之機也、私勝則動容周旋、無不中禮、而日用之間、莫非天理之流行矣

○出門如見大賓ᄒᆞ며使民如承大祭ᄒᆞ고己所不欲을勿施於人이니라

●門의날제큰손을보다시ᄒᆞ며ᄇᆡᆨ셩을블요ᄃᆡ큰祭를받ᄌᆞᆸ듯티ᄒᆞ고내ᄒᆞ고져아니
ᄒᆞᄂᆞᆫ바를사ᄅᆞᆷ의게베프디말띠니라

(集說) 朱子曰敬以持己、恕以及物、則私意無所容而心德、全矣、陳氏曰出門大
賓、使民如承大祭、敬以持己也、己所不欲、勿施於人、恕以及物也

○居處(去聲)恭ᄒᆞ며執事敬ᄒᆞ며與人忠을雖之夷狄이라도不可棄也ㅣ니라

●居處홈애공ᄒᆞ며일잡음애조심ᄒᆞ며사ᄅᆞᆷ으로더블어튱셩홈을비록夷狄에가
도可히ᄇᆞ리디아닐띠니라

(解解) 之、往也、夷、東夷、狄、北狄、朱子曰恭主容、敬主事、恭見於外、敬主乎中、
之夷狄、不可棄、勉其固守而勿失也

○言忠信ᄒᆞ며行(去聲)篤敬이면雖蠻貊(麥)之邦이라두行矣어니와 言不忠信ᄒᆞ며
行(去聲)不篤敬이면雖州里나行乎哉아

●말ᄉᆞᆷ이튱후코믿브며힝실이두텁고공경ᄒᆞ면비록蠻貊나라히라도ᄃᆞᆫ니려니와
말ᄉᆞᆷ이튱후코믿브디아니ᄒᆞ며힝실이두텁고공경티아니ᄒᆞ면비록州里나ᄃᆞᆫ니랴

(集說) 陳氏曰盡己之謂忠、以實之謂信、篤、厚也、蠻、南蠻、貊、北狄、二十五家、
爲里

○君子ㅣ有九思ᄒᆞ니視思明ᄒᆞ며聽思聰ᄒᆞ며色思溫ᄒᆞ며貌思恭ᄒᆞ며言思忠ᄒᆞ며事思敬ᄒᆞ며疑思問ᄒᆞ며忿思難(去聲)ᄒᆞ며見得思義니라

●君子ㅣ아홉ᄉᆡᆼ각ᄒᆞᆷ이이시니봄애ᄇᆞᆰ음을ᄉᆡᆼ각ᄒᆞ며드롬애춍ᄒᆞᆷ을ᄉᆡᆼ각ᄒᆞ며ᄂᆞᆺ빗체온화ᄒᆞᆷ을ᄉᆡᆼ각ᄒᆞ며용모애엄공ᄒᆞᆷ을ᄉᆡᆼ각ᄒᆞ며말ᄉᆞᆷ애츙후ᄒᆞᆷ을ᄉᆡᆼ각ᄒᆞ며일애조심ᄒᆞᆷ을ᄉᆡᆼ각ᄒᆞ며의심된ᄃᆡ무름을ᄉᆡᆼ각ᄒᆞ며로호옴애환란을ᄉᆡᆼ각ᄒᆞ며어듬을보매올ᄒᆞᆷ을ᄉᆡᆼ각ᄒᆞᆯ디니라

(集說)朱子曰視無所蔽、則明無不見、聽無所壅、則聰無不聞、色、見於面者、貌、擧身而言、思問則疑不蓄、思難則忿必懲、思義則得不苟

○曾子ㅣ曰君子ㅣ所貴乎道者ㅣ三이니動容貌애斯遠(去聲下同)暴慢矣며正顏色애斯近信矣며出辭氣에斯遠鄙倍(佩)矣니라

●曾子ㅣᄀᆞᆯᄋᆞ샤ᄃᆡ君子ㅣ道애貴히녀기ᄂᆞᆫ배세히니얼굴을움즉임애이예포려ᄒᆞ며ᄐᆡ만ᄒᆞᆷ을멀니ᄒᆞ며ᄂᆞᆺ빗출正히ᄒᆞᆷ애이예밋븜애갓가이ᄒᆞ며말ᄉᆞᆷ과긔운을내욤애이예더러오며패려ᄒᆞᆷ을멀리ᄒᆞᆯ디니라

(集說)朱子曰貴、猶重也、容貌、擧一身而言、暴、粗厲也、慢、放肆也、信、實也、正顏色而近信、則非色莊也、辭、言語、氣、聲氣也、鄙、凡陋也、倍、與背同、謂背理也

言道雖無所不在、然、君子所重者、在此三事而已、是皆修身之要、爲政之本、學者所當操存省察、而不可有造次顚沛之違者也、(正誤) 人之容貌、鮮得和平、禀氣之剛者、多失之粗厲、禀氣之柔者、多失之放肆、故、於動容貌之時、卽當遠夫粗厲放肆、而必致身於和平、人之顔色、鮮得表裏如一、務於外飾者、色雖厲而內則荏、故、於正顔色之時、卽當近乎信實、而不可務乎色莊、人之辭氣、鮮得適中、言之甚近者、凡陋、不足聽、論之甚高者、荒誕、不可詰、故、於出辭氣之時、卽當遠乎凡陋背理、而必發言之無弊、此、朱子、改先註修身之驗、爲修身之要之意、深得曾子切己用功之旨

○曲禮에曰禮는不踰節ᄒᆞ며不侵侮ᄒᆞ며不好去聲狎이니修身踐言을謂之善行去聲이니라

●曲禮예ᄀᆞᆯ오ᄃᆡ禮는절ᄎᆞᆯ넘구지아니ᄒᆞ며침노ᄒᆞ며업슈이녀기기를아니ᄒᆞ며압날히홈을됴히너기디아니ᄒᆞᄂᆞ니몸닷ᄀᆞ며말발옴을닐온어딘힝실이니라

(集說) 陳氏曰踰節則招辱、侵侮則忘讓、好狎則忘敬、三者、皆叛禮之事、不如是則有以持其莊敬純實之誠、而遠於恥辱矣、吳氏曰三者、皆非禮、惟能修治其身、以踐行其言是、爲善行也

○樂記에曰君子ㅣ姦聲亂色을不留聰明ᄒᆞ며淫樂(악)慝式禮를

不接心術ᄒᆞ며惰慢邪辟(僻)之氣를不設於身體ᄒᆞ야使耳目鼻口와心知(知字)百體로皆由順正ᄒᆞ야以行其義니라

●樂記예ᄀᆞᆯ오ᄃᆡ君子ㅣ인샤ᄒᆞᆫ소ᄅᆡ와어즈러운빗출聰明에머믈우지아니ᄒᆞ며음란ᄒᆞᆫ풍류와샤특ᄒᆞᆫ녜도ᄅᆞᆯ心術에브티디아니ᄒᆞ며게으르고ᄀᆞᆯ여디며샤곡ᄒᆞ고괴벽ᄒᆞᆫ긔운을몸이며얼굴에베프디아니ᄒᆞ야귀와눈과코와입과ᄆᆞᅀᆞᆷ앏알옴과온갓얼굴로ᄒᆡ여곰다順正홈을말믜암아ᄡᅥ그올ᄒᆞᆫ일을行ᄒᆞᆯ띠니라

(集說)眞氏曰君子之所以自養者、無他、內外、交致其功而已、故、姦聲亂色、不留聰明者、所以養其外也、淫樂慝禮、不接心術者、所以養其內也、外無聲色之誘則、內亦正矣、內無淫慝之惑、則外亦正矣、惰慢之氣、自內出者也、邪僻之氣、自外入者也、二者、不得設於身體、則外而耳目鼻口、四肢百體、內而心知、皆由順正、以行其義、顏子四勿之功、可庶幾也

○孔子ㅣ曰君子ㅣ食無求飽ᄒᆞ며居無求安ᄒᆞ며敏於事而慎於言이오就有道而正焉이면可謂好學也已니라

●孔子ㅣᄀᆞᆯᄋᆞ샤ᄃᆡ君子ㅣ머금애ᄇᆡ브롬올求티말며居홈애편안홈올求티말며일에ᄲᆞᆯ리ᄒᆞ며말ᄉᆞᆷ애삼가ᄒᆞ고道인ᄂᆞᆫᄃᆡ나아가질졍ᄒᆞ면可히ᄇᆡ호기ᄅᆞᆯ즐긴다닐올

띠니라
(集說)朱子曰不求安飽者、志有在而不暇及也、敏於事者、勉其所不足、愼於言者、不敢盡其所有餘也、然、猶不敢自是、而必就有道之人、以正其是非、則可謂好學矣

○**管敬仲**이**曰畏威如疾**은**民之上也**ㅣ오**從懷如流**는**民之下也**ㅣ오**見懷思威**는**民之中也**ㅣ니라

●管敬仲이ᄀᆞᆯ오ᄃᆡ하ᄂᆞᆯ위엄을저호ᄃᆡ병ᄀᆞ티ᄒᆞᄂᆞᆫ이ᄂᆞᆫ사ᄅᆞᆷ애샹층이오은혜ᄅᆞᆯ조초ᄃᆡ흐르ᄃᆞᆺ홈은사ᄅᆞᆷ애하층이오은혜ᄅᆞᆯ보고하ᄂᆞᆯ위엄을ᄉᆡᆼ각ᄒᆞᄂᆞᆫ이ᄂᆞᆫ사ᄅᆞᆷ애듕층이니라

(集說)吳氏曰管敬仲五齊大夫、名夷吾、威者、謂天之威也、言、民能畏天之威、如畏疾病、自然不敢爲惡、此、民之上者也、懷者、謂人以恩惠懷之也、因人懷己、而不顧禮義之是非、從之如水流下、此、民之下者也、若見人懷己、而能思畏天威、不敢輕易從之、此、民之中者也

右는**明心術之要**ᄒᆞ니라

●이우ᄒᆞᆫ心術의죵요ᄅᆞᆯᄇᆞᆰ히니라

冠去聲義에 曰凡人之所以爲人者는 禮義也니 禮義之始는 在於正容體ᄒᆞ며 齊顔色ᄒᆞ며 順辭令이니 容體正ᄒᆞ며 顔色齊ᄒᆞ며 辭令順而後에 禮義備ᄒᆞᄂᆞ니 以正君臣ᄒᆞ며 親父子ᄒᆞ며 和長幼니 君臣正ᄒᆞ며 父子親ᄒᆞ며 長幼和而後에 禮義立이니라

●冠義예 글오ᄃᆡ 믈읫사ᄅᆞᆷ의 ᄡᅥ 사ᄅᆞᆷ되연ᄂᆞᆫ바ᄂᆞᆫ 禮와 義니 禮義의 비르솜은 용모와 뎨신을 正히 ᄒᆞ며 ᄂᆞᆺ빗출 ᄀᆞ조기 ᄒᆞ며 말ᄉᆞᆷ을 順이 홈애 인ᄂᆞ니 용모와 신뎨 正ᄒᆞ며 ᄂᆞᆺ빗치 가조ᄒᆞ며 말ᄉᆞᆷ이 順ᄒᆞᆫ 후에 禮와 義ㅣ ᄀᆞᄌᆞᄂᆞ니 ᄡᅥ 님금과 신ᄒᆞ를 正케 ᄒᆞ며 아비와 아ᄃᆞᆯ을 親케 ᄒᆞ며 얼운과 아ᄒᆡ를 和케 ᄒᆞᄂᆞ니 님금과 신해 正ᄒᆞ며 아비와 아ᄃᆞᆯ이 親ᄒᆞ며 얼운과 아ᄒᆡ 和ᄒᆞᆫ 후에 禮와 義ㅣ 셔ᄂᆞ니라

(集說)吳氏曰冠義、禮記篇名、此、言人之所而爲人而異於禽獸者、以其有禮義也、禮以飾身、義以制事、人之道也、其始則在乎正容體、齊顔色、順辭令而已、及夫容體正而遠暴慢、顔色齊而近信、辭令順而遠鄙倍、則人道全而禮義備矣、禮義旣備、由是以正君臣、親父子、和長幼、及夫君臣正而上下之分、定、父子親而慈孝之道、隆、長幼和而遜順之意、洽、則人道正而禮義立矣

○曲禮에 曰毋側聽ᄒᆞ며 毋噭叫應ᄒᆞ며 毋淫視ᄒᆞ며 毋怠荒ᄒᆞ며 遊毋倨ᄒᆞ며

立毋跛호며 坐毋箕호며 寢毋伏호며 斂髮毋髢替호며 冠毋免호며 勞毋袒但호며 暑毋褰裳이니라

●曲禮예ᄀᆞᆯ오ᄃᆡ기우려듣디말며워여ᄃᆡ답디말며음샤히보디말며게울이프러ᄇᆞ리디말며ᄃᆞᆫ뇸올거만히말며셤을최드듸디말며안즘을키뎨로말며잠애엽듸디말며머리털거두기를드리디우게말며冠을벗디말며ᄀᆞᆺ바도메왓디말며ᄃᆡ위도치마올거두드디말올ᄯᅵ니라

(集說)陳氏曰聽必恭、側耳以聽、非恭也、應答之聲、宜和平、高急者、悖戾之所發也、淫視、流動邪眄也、怠荒、謂容止縱慢也、遊、行也、倨、傲慢也、立當兩足整齊、不可偏任一足也、箕、謂兩展其足、狀如箕舌也、伏、覆也、髢、孔氏、謂髲也、垂如髮也、(集解)免、去冠也、袒、露臂也、褰、揭也、以暑熱褰裳、亦爲不敬也

○登城不指호며 城上不呼去聲호며

●城의올라ᄀᆞᄅᆞ치디아니ᄒᆞ며城우희셔블으지지디아니ᄒᆞ며

(集說)陳氏曰有所指則惑見者、有所呼則駭聞者

將適舍ᄒᆞᆯᄉᆡ 求毋固호며

●장ᄎᆞᆺ쥬인ᄒᆞᆫ집의갈시求ᄒᆞᆷ올구틔여말며

(集解)戴氏曰就館者、誠不能無求於主人、然、執平日之所欲、而必求於人、則非
爲客之義

將上堂ᄒᆞᆯ시 聲必揚ᄒᆞ며 戶外에 有二屨ㅣ어든 言聞(問同下)則入ᄒᆞ고 言不聞
則不入ᄒᆞ며

● 장ᄎᆞᆺ堂의 오ᄅᆞᆯ시 소ᄅᆡᄅᆞᆯ 반다시 들며 지게 밧긔 돌희 신이 잇거든 말ᄉᆞᆷ이 들리거든
들고 말ᄉᆞᆷ이 들니디 아니커든 드디 아니ᄒᆞ며

(集解)陳氏曰揚其聲者、使內人、知之也、(集成)饒氏曰二屨、在戶也、知有容、言
不聞、恐有私議、須廻避不入

將入戶ᄒᆞᆯ시 視必下ᄒᆞ며 入戶奉扃(경)ᄒᆞ며 視瞻毋回ᄒᆞ며 戶開亦開ᄒᆞ며 戶
闔亦闔ᄒᆞ되 有後入者ㅣ어든 闔而勿遂ㅣ니라

● 장ᄎᆞᆺ 지게예 들시 봄을 반ᄃᆞ시 ᄂᆞᄌᆞ기ᄒᆞ며 지게에 들제 扃을 받들며 보기를 둘우 말
며 지게 여럿거든 ᄯᅩ 열며 지게 다닷거든 ᄯᅩ 다도티 후에 들리 잇거든 다도티 다ᄒᆞ디 말
올 띠니라

(集解)視下者、不擧目也、扃、門關之木、入戶之時、兩手捧扃、置扃之處、不敢放
手排闔也、(集說)陳氏曰視瞻、不爲回轉、嫌於干人之私也、開闔、皆如前不違

人之意也、遂、闔之盡也、嫌於拒從來者、故勿遂

毋踐屨ᄒᆞ며毋踖(척)迹席ᄒᆞ며摳苦候切衣趨隅ᄒᆞ야必愼唯諾이니라

●신을붋디말며돗글드듸디말며오ᄉᆞᆯ거두잡아모흐로낫드라반드시뎌답홈을삼가홀띠니라

(集解)踐屨、謂踏他人之屨也、踖席、謂躐他人之席也、摳衣、謂兩手提衣、與攝齊同義、趨隅、由席角而升坐也、唯諾、應辭、言旣坐定、又當謹於應對也

○禮記에曰君子之容은舒遲니見所尊者ᄒᆞ고齊(지)莊皆切遬速이니라

●禮記예골오ᄃᆡ君子의얼굴은ᄌᆞ녹ᄌᆞ녹ᄒᆞ니尊ᄒᆞᄂᆞᆫ바를보고공경ᄒᆞ야조심ᄒᆞᄂᆞ니라

(集解)陳氏曰舒遲、閑雅之貌、齊、如夔夔齊慄之齊、遬者、謹而不放之謂、見所尊者則加敬

足容重ᄒᆞ며手容恭ᄒᆞ며目容端ᄒᆞ며口容止ᄒᆞ며聲容靜ᄒᆞ며頭容直ᄒᆞ며氣容肅ᄒᆞ며立容德ᄒᆞ며色容莊이니라

●발의거동은므거우며손의거동은공슌ᄒᆞ며눈의거동은단정ᄒᆞ며입의거동은ᄀᆞ므니이시며소리의거동은안졍ᄒᆞ며머리의거동은곧으며긔운의거동은엄슉히ᄒᆞ

며셧는거동은유덕ᄒᆞ며ᄂᆞᆺ빗의거동은싁々이ᄒᆞᆯ디니라

(集解)陳氏曰重、不輕擧移也、恭、毋慢弛也、端、毋邪視也、止、不妄動也、靜、不嘰咳也、直、不傾顧也、肅、似不息也、德、謂中立不倚、儼然有德之氣象也、莊、矜持之貌也、朱子曰足敬重以下、皆容之目、即此、是涵養本原也

○曲禮에曰坐如尸ᄒᆞ며立如齊(지)莊皆切ㅣ니라

●曲禮예ᄀᆞᆯ오ᄃᆡ안좀을尸ᄀᆞᆺ티ᄒᆞ며셤을ᄌᆡ계ᄒᆞᆯ제ᄀᆞᆺ티ᄒᆞᆯ디니라

(集說)孔氏曰尸居神位、坐必矜莊、坐法、必當如尸之坐、人之倚立、多慢不恭、雖不齊、亦當如祭前之齊

○少儀예曰不窺密ᄒᆞ며不旁狎ᄒᆞ며不道舊故ᄒᆞ며不戲色ᄒᆞ며

●少儀예ᄀᆞᆯ오ᄃᆡ놈의그윽ᄒᆞᆫᄃᆡ를엿보디아니ᄒᆞ며두루셜압디말며녯벗의일을닐ᄋᆞ디아니ᄒᆞ며희롱엣빗츨아니ᄒᆞ며

(集解)窺密、謂窺覘人隱密之處也、旁、泛及也、旁狎、謂泛與人褻狎也、道、言也、道舊故、謂言故舊之非也、戲、弄也、戲色、謂嬉笑侮慢之容也

毋拔蒲末切來ᄒᆞ며毋報赴往ᄒᆞ며

●과글이ᄃᆞ라오디말며과글이도로가디말며

(集成) 拔、報、皆疾也、人來往、當有宿漸、不可猝也、(集說) 朱子曰來往、只是向背之意、此兩句·文義、猶云其就義若渴、則其去義若熱、言人見有箇好事、火急歡喜去做、這樣人、不耐久、少間、心懶意闌、則速去之矣、所謂其進、銳者、其退、速也

毋瀆神ᄒᆞ며 毋循枉ᄒᆞ며 毋測未至ᄒᆞ며

●귀신을셜만티말며굽은일을인슌티말며니르디몯ᄒᆞᆫ것슬혜아리디말며

(集說) 陳氏曰神、不可瀆、必敬而遠之、言行過而邪枉、當改以從直、後復循襲、是二過矣、君子、以誠自處、亦以誠待人、不逆料其將然也、未至而測之、雖中、亦僞

毋訾ᄌᆞᆷ 衣服成器ᄒᆞ며 毋身質言語ㅣ니라

●衣服과인그르슬나 므라디말며말ᄉᆞᆷ을몸소질정티말올ᄯᅵ니라

(集說) 陳氏曰訾、毁其不善也、曲禮、疑事毋質、與此質字、義同、謂言語之際、疑則闕之、不可自我質正、恐有失誤也

○**論語에 曰車中에 不內顧ᄒᆞ시며 不疾言ᄒᆞ시며 不親指러시다**

●論語에ᄀᆞᆯ오ᄃᆡ술윗가온ᄃᆡ셔도라보 디아니ᄒᆞ시며ᄲᆞᆯ리말ᄉᆞᆷ을아니ᄒᆞ시며親히ᄀᆞᄅᆞ치디아니ᄒᆞ더시다

(集說) 朱子曰內顧、回視也、禮曰顧不過轂、三者、皆失容、且惑人

○曲禮예曰凡視ㅣ上於面則敖(傲)ㅣ오下於帶則憂ㅣ오傾則姦이니라

●曲禮에 ᄀᆞᆯ오ᄃᆡ믈읫봄이 ᄂᆞᆺ치올니면오만홈이오ᄯᅴ예ᄂᆞ리오면근심홈이오기우리면간샤홈이니라

(集說)呂氏曰上於面者、其氣、驕、知其不能以下人矣、下於帶者、其神、奪、知其憂在乎心矣、視流則容側、必有不正之心、存乎胷中矣、此、君子之所以愼也

○論語에曰孔子ㅣ於鄉黨애恂恂(순)相倫反 如也ᄒᆞ사似不能言者ㅣ러시다

●論語에 ᄀᆞᆯ오ᄃᆡ孔子ㅣ鄉黨애恂恂ᄃᆞᆺᄒᆞ샤말솜을잘몯ᄒᆞᄂᆞᆫ이ᄀᆞᆺ더시다

(集說)朱子曰恂恂、信實之貌、似不能言者、謙卑遜順、不以賢知、先(去聲)人也、鄉黨、父兄宗族之所在、故、孔子居之、其容貌辭氣、如此

其在宗廟朝廷ᄒᆞ샤ᄂᆞᆫ便便(변)平聲言ᄒᆞ샤ᄃᆡ唯謹爾더시다

●그宗廟ㅣ며朝廷에겨샤ᄂᆞᆫ말솜을便便히ᄒᆞ샤ᄃᆡ오직삼가ᄒᆞ더시다

(集說)朱子曰便便、辯也、宗廟、禮法之所在、朝廷、政事之所出、言不可以不明辯故、必詳問而極言之、但謹而不放爾

朝애與下大夫言에侃々(간)如也ᄒᆞ시며與上大夫言에誾々(銀)如也ㅣ러시다

●됴회예아랫대우로더블어말ᄉᆞᆷᄒᆞ심에侃侃ᄃᆞᆺᄒᆞ시며웃태우로더블어말ᄉᆞᆷᄒᆞ심애誾誾ᄃᆞᆺᄒᆞ더시다

(集說)朱子曰此、君未視朝時也、王制、諸侯、上大夫、卿、下大夫五人、許氏說文、侃侃、剛直也、誾誾、和悅而諍也

○孔子ᄂᆞᆫ食不語ᄒᆞ시며寢不言이러시다

●孔子ᄂᆞᆫ음식ᄒᆞ실제말ᄉᆞᆷ아니ᄒᆞ시며자실제말ᄉᆞᆷ아니ᄒᆞ더시다

(集說)朱子曰答述曰語、自言曰言、范氏曰聖人、存心不他、當食而食、當寢而寢、言語、非其時也

○士相見禮에曰與君言엔言使臣ᄒᆞ며與大人言엔言事君ᄒᆞ며與老者言엔言使弟子ᄒᆞ며與幼者言엔言孝悌于父兄ᄒᆞ며與衆言엔言忠信慈祥ᄒᆞ며與居官者言엔言忠信이니라

●士相見禮예ᄀᆞᆯ오ᄃᆡ님금더블어말ᄉᆞᆷᄒᆞᆯ제ᄂᆞᆫ신하브림을닐ᄋᆞ며大人더블어말ᄉᆞᆷᄒᆞᆯ제ᄂᆞᆫ님금셤김을닐ᄋᆞ며늘그니더블어말ᄉᆞᆷᄒᆞᆯ제ᄂᆞᆫ弟子브림을닐ᄋᆞ며졈은이더블어말ᄉᆞᆷᄒᆞᆯ제ᄂᆞᆫ父兄ᄭᅴ孝弟홈을닐ᄋᆞ며모ᄃᆞᆫ이더블어말ᄉᆞᆷᄒᆞᆯ제ᄂᆞᆫ忠信과慈祥을닐ᄋᆞ며벼슬ᄒᆞ연ᄂᆞᆫ이더블어말ᄉᆞᆷᄒᆞᆯ제ᄂᆞᆫ忠信을닐올디니라

(集說)陳氏曰大人、卿大夫也、老者、人之父兄、幼者、人之子弟、衆、謂庶人、居官者、謂上士至庶人、在官者、言使臣則以禮、言事君則以忠、言使弟子則以慈愛、祥、猶善也

○論語에曰席不正이어든不坐ㅣ러시다

●論語에ᄀᆞᆯ오ᄃᆡ돗기바ᄅᆞ디아니커든안ᄯᅥ아니ᄒᆞ더시다

(集說)謝氏曰聖人、心安於正故、於位之不正者、雖小、不處

○子ㅣ見齊(咨)衰(崔)者ᄒᆞ시고雖狎이나必變ᄒᆞ시며見冕者與瞽(古)者ᄒᆞ시고雖褻(屑)이나必以貌ᄒᆞ시며

●子ㅣ상복ᄒᆞ니ᄅᆞᆯ보시고비록졀아오나반ᄃᆞ시변ᄉᆡᆨᄒᆞ시며冕ᄒᆞ니와다ᄆᆞᆺ눈머니ᄅᆞᆯ보시고비록ᄉᆞᄉᆞ로온ᄃᆡ나반ᄃᆞ시ᄡᅥ녜모ᄒᆞ시며

(集說)齊衰、喪服、狎、謂素親狎、變、謂變色、冕、有爵者、瞽、無目者、褻、謂燕見、貌、謂禮貌、范氏曰聖人之心、哀有喪、尊有爵、矜不成人

凶服者ᄅᆞᆯ式之ᄒᆞ시며式負版者ㅣ러시다

●상복ᄒᆞ니ᄅᆞᆯ式ᄒᆞ시며호젹진이ᄅᆞᆯ式ᄒᆞ더시다

(集說)朱子曰式、車前橫木、有所敬則俯而憑之、負版、持邦國圖籍者、式此二者

哀有喪、重民數也、人惟萬物之靈、而王者之所天也、故、周禮、獻民數於王、王、拜受之、況其下者、敢不敬乎

○禮記예 曰若有疾風迅信雷甚雨ㅣ어든 則必變ᄒᆞ야 雖夜ㅣ나 必興ᄒᆞ야 衣服冠而坐ㅣ니라

●禮記예ᄀᆞᆯ오ᄃᆡ만일ᄲᆞᄅᆞᆫᄇᆞᄅᆞᆷ과 급ᄒᆞᆫ울에와 심ᄒᆞᆫ비잇거든곳반ᄃᆞ시변ᄉᆡᆨᄒᆞ야비록밤이나반ᄃᆞ시니러옷닙고冠ᄒᆞ고안즐디니라

(集說)陳氏曰迅、疾也、變、謂變其容色、興、起也、必變、必興、皆所以敬天之怒

○論語에 曰寢不尸ᄒᆞ시며 居不容이러시다

●論語에ᄀᆞᆯ오ᄃᆡ자심애尸ᄐᆡ아니ᄒᆞ시며居ᄒᆞ심애容ᄐᆡ아니ᄒᆞ더시다

(集說)朱子曰尸、謂偃臥似死人也、居、居家、容、容儀、范氏曰、寢不尸、非惡其類於死也、惰慢之氣、不設於身體、雖舒布其四體、而亦未嘗肆耳、居不容、非惰也、但不若奉祭祀見賓客而已、申申、夭夭、是也

○子之燕居에 申申如也ᄒᆞ시며 夭夭如也ㅣ러시다

●子ㅣ샹해겨실제申申ᄃᆞᆺᄒᆞ시며夭夭ᄃᆞᆺᄒᆞ더시다

(集說)朱子曰燕居、閑暇無事之時、楊氏曰申申、其容舒也、夭夭、其色愉也、程子

曰今人、燕居之時、不怠惰放肆、必太嚴厲、唯聖人、便自有中和之氣

○曲禮에曰並坐不橫肱ᄒᆞ며授立不跪ᄒᆞ며授坐不立이니라

●曲禮에골오ᄃᆡ ᄀᆞᆯ와안즘애ᄑᆞᆯ을빗기디아니ᄒᆞ며셔니를주ᄃᆡᄭᅮ러아니ᄒᆞ며안ᄌᆞ니를주ᄃᆡ셔셔아닐ᄯᅵ니라

(集說)陳氏曰橫肱則妨並坐者、不跪、不立、皆謂不便於受者

○入國不馳ᄒᆞ며入里必式이니라

●나라해들어ᄃᆞ리디아니ᄒᆞ며ᄆᆞ올히들제반ᄃᆞ시式홀ᄯᅵ니라

(集說)陳氏曰入國不馳、恐車馬、躪轢人也、(集成)馬氏曰石慶、入里門、不下車、而其父、責之、張湛、望里門則步、而君子多之則、入里必式者、父母國之道也

○少儀에曰執虛호ᄃᆡ如執盈ᄒᆞ며入虛호ᄃᆡ如有人이니라

●少儀에골오ᄃᆡ뷘것잡오ᄃᆡᄀᆞ독ᄒᆞᆫ것잡음ᄀᆞᆮ티ᄒᆞ며뷘ᄃᆡ들오ᄃᆡ사ᄅᆞᆷ인ᄂᆞᆫᄃᆡᄀᆞᆮ티홀ᄯᅵ니라

(集說)陳氏曰執虛器、如執盈滿之器、入虛室、如入之室、敬心、常存也

○禮記에曰古之君子ㅣ必佩玉ᄒᆞ니右徵(티)角ᄒᆞ고左宮羽ᄒᆞ야

●禮記에골오ᄃᆡ녜君子ㅣ반ᄃᆞ시玉을ᄎᆞ니올ᄒᆞᆫ녁킈ᄂᆞᆫ徵와角을ᄒᆞ고왼녁킈ᄂᆞᆫ宮

과羽를ᄒᆞ야

(集說)陳氏曰徵、角、宮、羽、以玉聲所中去聲、言也、徵爲事、角爲民、故、在右、右爲動作之方也、宮爲君、羽爲物、君道宜靜、物道宜積、故、在左、左乃無事之方也、不言商者、或以西方肅殺之音故、遺之歟

趨以采齊慈ᄒᆞ고行以肆夏ᄒᆞ며周還旋下聲中去聲下同規ᄒᆞ고折還中矩ᄒᆞ며進則揖之ᄒᆞ고退則揚之ᄒᆞᄂᆞ니然後에玉瑲鳴也ㅣ니故로君子ㅣ在車則聞鸞和之聲ᄒᆞ고行則鳴佩玉ᄒᆞᄂᆞ니是以로非辟僻之心이無自入也ㅣ니라

(諺)ᄌᆞ조거를제采齊로ᄡᅧᄒᆞ고ᄃᆞᆫ닐제ᄂᆞᆫ肆夏로ᄡᅧᄒᆞ며두루돌오매規에맛게ᄒᆞ고모것거들오매矩에맛게ᄒᆞ며나아갈제ᄂᆞᆫ굽음ᄒᆞ고믈러갈제ᄂᆞᆫ드ᄂᆞ니그런後에玉이징징히우ᄂᆞ니그러모로君子ㅣ술위애이시면방울소리를몯고ᄃᆞᆫ니면찬ᄂᆞᆫ옥을울니ᄂᆞ니이러모로ᄡᅧ외며샤벽ᄒᆞᆫᄆᆞᄋᆞᆷ이브터들미업ᄉᆞ니라

(集解)采齊、肆夏、皆詩篇名、規者、爲圓之器也、矩者、爲方之器也、朱子曰周旋、是直去却回來、其回轉處、欲其圓如規也、折旋、是直去了、復橫去、其橫轉處、欲其方如矩也、陳氏曰趨時、歌采齊之詩、以爲節、行時、歌肆夏之詩、以爲節、進而

前則其身、略俯如揖然、退而後則其身微仰、故曰揚之、進退俯仰、皆得其節、故佩玉之鳴、瑲然可聽也、鑾和、鈴也、吳氏曰常所乘之車鑾在衡和在軾若田獵之車則和在軾鑾在馬鑣也方氏曰心、內也、而言入、何哉、盖心雖在內、有物探之而出、及其久也、則與物俱入、故以入言焉

○射義예曰射者는進退周還(旋)을必中(去聲)禮니內志正ᄒᆞ고外體直然後에持弓矢審固ᄒᆞ고持弓矢審固然後에可以言中이니此可以觀德行(去聲)矣이라

●射義예ᄀᆞᆯ오ᄃᆡ활쏘기ᄂᆞᆫ나ᄋᆞ며믈으며두루돌오믈반ᄃᆞ시禮예맛게ᄒᆞᆯ디니안ᄠᅳᆺ이正ᄒᆞ고밧얼굴이곳ᄋᆞᆫ然後에활살잡오믈ᄌᆞ셔히ᄒᆞ며굿이ᄒᆞ고활살잡오믈ᄌᆞ세히ᄒᆞ며굿이ᄒᆞᆫ然後에可히써마치믈니ᄅᆞᆯ새시니이可히써德行을볼새시니라

(集說)吳氏曰射義、禮記篇名、進退者、升降之節、周還者、揖讓之容、中禮、合乎射之禮節也、內志正然後、持弓矢審、外體直然後、持弓矢固、唯固也、故其力能至、唯審也、故其巧能中、於此而觀、則其德行、可見矣

右는明威儀之則(측)ᄒᆞ니라

●이우ᄒᆞᆫ威儀의법측을ᄇᆞ리히니라

士冠[貫]禮에 始加ᄒᆞᆯ시 祝曰令[去聲]月吉日에 始加元服ᄒᆞ노니 棄爾幼志ᄒᆞ고 順爾成德ᄒᆞ면 壽考維祺ᄒᆞ야 介爾景福

●士冠禮예 처엄쓰일시 비러ᄀᆞᆯ오ᄃᆡ 됴ᄒᆞᆫᄃᆞᆯ吉ᄒᆞᆫ날애 비로소머리옛服을쓰이노니 아ᄒᆡᄠᅳᆮ을ᄇᆞ리고 네인德을順ᄒᆞ면댱슈옴상셔이네큰福을크게ᄒᆞ리라

(集解) 士冠禮、儀禮篇名、禮、男子、二十而冠、將冠則筮日、筮賓、及冠則有三加之禮也、始加、用緇布冠、祝者、賓所祝之辭也、令、吉、皆善也、元服、首服也、幼志、童心也、祺、祥也、介、景、皆大也、言、當月日之善、加爾首服、爾當棄其童幼之心、順成爾德、則必有壽考之祥、而大受其大福矣

再加ᄒᆞᆯ시 曰吉月令辰에 乃申爾服ᄒᆞ노니 敬爾威儀ᄒᆞ야 淑愼爾德이면 眉壽萬年ᄒᆞ야 永受胡福ᄒᆞ리라

●두번때 쓰알식ᄀᆞᆯ오ᄃᆡ吉ᄒᆞᆫᄃᆞᆯ됴ᄒᆞᆫ때예네服을다시ᄒᆞ노니네威儀ᄅᆞᆯ공경ᄒᆞ며네德을잘삼가ᄒᆞ면눈셥이길게댱슈홈을萬年을ᄒᆞ야먼福을기리바ᄃᆞ리라

(集說) 陳氏曰再加、用皮弁、辰、時也、申、重也、有威而可畏、謂之威、有儀而可象謂之儀、淑、善也、眉壽、老人、以秀眉、爲壽徵也、胡、猶遐也、言、當時月之吉、重

加爾服、爾當敬爾威儀、而善謹爾德、則必有眉壽萬年、而永享遐福矣

三加ᄒᆞᆯ시曰以歲之正과以月之令에咸加爾服ᄒᆞ노니兄弟具在ᄒᆞ야以成厥德ᄒᆞ면黃耇無疆ᄒᆞ야受天之慶ᄒᆞ리라

●세번재ᄡᅳ일시글오ᄃᆡ써ᄒᆡ의됴홈과써ᄃᆞᆯ의됴ᄒᆞᆫ제네服을다ᄡᅳ이노니兄弟ᄀᆞ초이셔써그德을일우면黃耇ᄒᆞ야마이업슨하ᄂᆞᆯ복경을밧ᄌᆞ오리라

(集說)吳氏曰三加、用爵弁、正、猶善也、咸、悉也、黃、謂髮白以變、黃耇、老人面、凍梨色、如浮垢、皆壽徵也、無疆、猶言無窮也、言、當歲月之正、悉加爾以三者之服、當爾兄弟無故之時、以成就其德、爾德旣成、則必有無窮之壽、而受天之福慶矣

○曲禮예曰爲人子者ㅣ父母ㅣ存이어시든冠衣를不純準下同素ᄒᆞ며孤子當室ᄒᆞ야ᄂᆞᆫ冠衣를不純采니라

●曲禮예글오ᄃᆡ사ᄅᆞᆷ의ᄌᆞ식되엿ᄂᆞᆫ이父母ㅣ겨시거든冠과오ᄉᆞᆯ흰거ᄉᆞ로단도로디아니ᄒᆞ며아비업슨ᄌᆞ식이집의當ᄒᆞ야ᄂᆞᆫ冠과오ᄉᆞᆯ빗난거ᄉᆞ로단도로디아니ᄒᆞᆯ디니라

(集說)孔氏曰冠純、冠飾也、衣純、領緣也、呂氏曰、當室、謂爲父後者、不純采者、

雖除喪、猶純素也、惟當室者、行之、非當室者、不然也

○論語에 曰君子는 不以紺(古暗切)緅(鄒)로 飾ᄒᆞ시며

●論語에 ᄀᆞᆯ오ᄃᆡ 君子ᄂᆞᆫ 紺과 블근거ᄉᆞ로ᄡᅥ 옷깃도로디아니ᄒᆞ시며

(集說)朱子曰君子、謂孔子、紺、深青揚赤色、齊服也、緅、絳色、三年之喪 以飾練服者、飾、領緣也

紅紫로 不以爲褻服이러시다

●분홍과ᄌᆞ디로ᄡᅥ 샹녯옷도밍ᄀᆞ아니ᄒᆞ더시다

(集說)朱子曰紅紫、間色、不正、且近於婦人女子之服也、褻服、私居服也、言此則不以爲朝祭之服)可知

當暑ᄒᆞ샤 袗(軫)絺(티)綌(격)(乞逆切)을 必表而出之러시다

●더운젹을當ᄒᆞ샤 홋뵈오絺반ᄃᆞ시表ᄒᆞ야내더시다

(集說)朱子曰袗、單也、葛之精者曰絺、麤者曰綌、表而出之、謂先著裏衣、表絺綌而出之於外、欲其不見體也

○去喪ᄒᆞ사는 無所不佩러시다

●거상버ᄉᆞ시고ᄂᆞᆫ ᄎᆞ디아니실ᄡᅥ업더시다

(集說)朱子曰君子、無故、玉不去身、觿礪之屬、亦皆佩也

○孔子ᄂᆞᆫ羔裘玄冠으로不以弔ㅣ러시다

●孔子ᄂᆞᆫ검은양피옷과검은冠으로써됴상ᄒᆞ디아니ᄒᆞ더시다

(集說)陳氏曰羔裘、用黑羊皮爲之、玄、黑色、朱子曰喪主素、 吉主玄、弔必變服、以哀死

○禮記예曰童子ᄂᆞᆫ不裘不帛ᄒᆞ며不屨絇ㅣ니라

●禮記예ᄀᆞᆯ오ᄃᆡ아ᄒᆡᄂᆞᆫ갓옷아니닙으며깁것아니닙으며신의絇를아니ᄒᆞᆯ디니라

(集解)不裘、不帛、 爲太溫也、絇、卽屨頭之綦、用以爲行戒者、不屨絇、未習行戒也

○孔子ㅣ曰士ㅣ志於道而恥惡衣惡食者ᄂᆞᆫ未足與議也ㅣ니라

●孔子ㅣᄀᆞᆯᄋᆞ샤ᄃᆡ士ㅣ道애ᄠᅳᆮ두고사오나온옷과사오나온음식을붓그리ᄂᆞ니ᄂᆞᆫ足히더불어의론티못ᄒᆞ리니라

(集解)朱子曰心欲求道、而以口體之奉、不若人、爲恥、其識趣之卑陋、甚矣、何足與議於道哉、愚、謂惡衣、 謂麤舊衣服、惡食、謂疏食菜羹之類、漢志、謂學以居位曰士、然、四民中、有志於學者、亦得稱爲士也、夫衣取蔽形、食取充腹、貴賤上下、各有其制、士之仕者、列於公卿大夫後、其祿俸、有限、 未仕者、所入、 豈能豐洽、

恥惡衣惡食ᅟ而欲求華麗甘肥、以徇時濟欲、其不至於昧天理、喪廉恥、取非義以
充之者、幾希矣、故、先儒謝氏、有曰恥惡衣惡食、學者之大病、善心不存、盖原於
此、嗚呼、有志爲士者、尙其戒哉

右는 明衣服之制ᄒᆞ니라

●이우ᄒᆞᆫ衣服제도ᄅᆞᆯᄇᆞᆰ히니라

曲禮에曰共食不飽ᄒᆞ며共飯不澤手ᄒᆞ며

●曲禮에ᄀᆞᆯ오ᄃᆡᄒᆞᆫ가지로음식먹을제ᄇᆡ브르게아니ᄒᆞ며ᄒᆞᆫ가지로밥먹을제손적
시디아니ᄒᆞ며

(集解)食者、所食、非一品、飯者、止飯而已、共食而求飽、非讓道也、(集成)張子
曰不澤手、必有物以取之、不使濡其手

毋摶(團)飯ᄒᆞ며毋放飯ᄒᆞ며毋流歠(철)ᄒᆞ며

●밥을뭉킈디말며밥을크게ᄯᅳ디말며훌리디마시디말며

(集解)取飯作摶、則易得多、是欲爭飽也、放飯、大飯也、流歠、長飲也

毋咤(타)(丑亞切)食ᄒᆞ며毋齧(혈)骨ᄒᆞ며毋反魚肉ᄒᆞ며毋投與狗骨ᄒᆞ며毋固
獲ᄒᆞ며

●음식에혀ㅊ디말며써너흐디말며먹던고기도로노티말며개를써더더주디말며
구틔여어드려말며

(集說)陳氏曰咤食、謂當食而叱咤、孔氏、謂以舌、口中作聲、毋咤、恐似於氣之怒也、毋齧、嫌其聲之聞也、毋反魚肉、不以所餘、反於器、鄭氏、云、謂己歷口、人所穢也、毋投與狗骨、不敢賤主人之物也、固獲、謂必欲取之也

毋揚飯ᄒᆞ며**飯黍毋以箸**筯ᄒᆞ며

●밥을헤젓디말며기장밥먹음애저로써말며

(集解)揚、謂散其熱氣、嫌於欲食之急也、毋以箸、貴其匕之便也

毋嚃塔**羹**ᄒᆞ며**毋絮**(쳐)**羹**ᄒᆞ며**毋刺**感**齒**ᄒᆞ며**毋歠**(렬)**醢**海ᄒᆞ니**客**이**絮羹**이어든**主人**이**辭不能亨**烹ᄒᆞ고**客**이**歠醢**어든**主人**이**辭以窶**其羽反ᄒᆞ며

●羹을嚃디말며羹을絮티말며닛삿쑤시디말며젓국마시디말올디니손이羹을絮ᄒᆞ거든主人이잘숢히디못호라샤례ᄒᆞ고손이젓국을마시거든主人이가난흠으로써샤례ᄒᆞ며

(集解)陳氏曰羹之有菜、宜用挾、不宜以口、嚃取食之也、絮、就器中調和也、口容止、不宜以物、刺於齒也、醢宜鹹、歠之、以其味淡也、客、或有絮羹者、則主人、以不能烹飪、爲辭、客、或有歠醢者、則主人、以貧窶之味、爲辭

濡肉으란齒決ᄒᆞ고乾(干)肉으란不齒決ᄒᆞ며毋嘬(최)炙(쟈)ㅣ니라

●저즌고기란니로근고ᄆᆞᄅᆞᆫ고기란니로근다아니ᄒᆞ며젹을嘬티말올ᄯᅵ니라

(集說)陳氏曰濡肉、殽胾之類、乾肉、脯脩之類、決、斷也、不齒決、則當治之以手也、孔氏曰火灼曰炙、一擧而併食曰嘬、是貪食也

○少儀에曰侍食於君子則先飯而後已니毋放飯ᄒᆞ며毋流歠ᄒᆞ며小飯而亟之ᄒᆞ며數(朔)噍(쵸)ᄒᆞ야毋爲口容이니라

●少儀예ᄀᆞᆯ오ᄃᆡ君子ᄅᆞᆯ뫼셔食ᄒᆞᆯ적이어든몬져飯ᄒᆞ고後에그칠ᄯᅵ니밥을크게ᄯᅳ디말며흘리마시디말며쟈쟉먹어섈리ᄒᆞ며ᄌᆞ조씹어입노ᄅᆞᆺᄒᆞ디말올ᄯᅵ니라

(增註)君子、三達尊之稱、(集說)陳氏曰先飯、猶嘗食之禮也、後已、猶勸食之意也、放飯、流歠、見前、小飯則無嚱噎之患、亟之、謂速咽下、備或有見問之言也、數噍、毋爲口容、言、數數嚼之、不得弄口以爲容也

○論語에曰食(似)不厭精ᄒᆞ시며膾不厭細ᄒᆞ시며

●論語에ᄀᆞᆯ오ᄃᆡ밥을精홈을厭ᄒᆞ디아니ᄒᆞ시며膾ᄅᆞᆯᄀᆞᄂᆞᆯ옴을厭ᄒᆞ디아니ᄒᆞ시며

(集說)朱子曰食、飯也、精、鑿也、牛羊與魚之腥、聶而切之、爲膾、食精則能養人、膾麤則能害人、不厭、言以是善、非謂必欲如是也

食(似)饐(애)於計反而餲(애)烏賣와 魚餒(뇌)奴罪反而肉敗를 不食ᄒᆞ시며 色惡不食ᄒᆞ시며 臭惡不食ᄒᆞ시며 失飪(임)而甚反不食ᄒᆞ시며 不時不食ᄒᆞ시며

●밥이쉬니와믈고기므르니와뭇고기서근이ᄅᆞᆯ먹디아니ᄒᆞ시며빗치사오납거든먹디아니ᄒᆞ사며내사오납거든먹디아니ᄒᆞ시며ᄉᆞᆯ마ᄆᆞᆯ그릇ᄒᆞ얏거든먹디아니ᄒᆞ시며시절아닌거슬먹디아니ᄒᆞ시며

(集說) 朱子曰饐、飯傷熱濕也、餲、味變也、魚爛曰餒、肉腐曰敗、色惡、臭惡、未敗而色臭變也、飪、烹調生熟之節也、不時、五穀不成、果實未熟之類、此數者、皆足以傷人、故不食

割不正이어든 不食ᄒᆞ시며 不得其醬이어든 不食ᄒᆞ시며

●버힌거시正티아니커든먹디아니ᄒᆞ시며그醬을얻디몯ᄒᆞ여든먹디아니ᄒᆞ시며

(集說) 朱子曰割肉不方正者、不食、造次不離於正也、食肉用醬、各有所宜、不得則不食、惡其不備也、此二者、無害於人、但不以嗜味而苟食耳

肉雖多나 不使勝食(似)氣ᄒᆞ시며 唯酒無量(去聲)ᄒᆞ샤딘 不及亂ᄒᆞ시며

●고기비록하여곰밥긔운을이긔게아니ᄒᆞ시며오직술을그음이아니ᄒᆞ샤딘미란홈애밋게아니ᄒᆞ시며

(集說)朱子曰食、以穀爲主、故、不使肉勝食氣、酒、以爲以合懽、故、不爲量、但以醉爲節而不及亂耳

沽酒市脯를不食ᄒᆞ시며

●산술과산포육을먹디아니ᄒᆞ시며

(集說)朱子曰沽、市、皆買也、恐不精潔、或傷人也

不撤薑食ᄒᆞ시며不多이러시다

●싱강먹옴을그치디아니ᄒᆞ시며해먹디아니ᄒᆞ더시다

(集解)朱子曰薑、通神明、去穢惡、故不撤、不多食、適可而止也

○禮記애曰君이無故ㅣ어든不殺牛ᄒᆞ며大夫ㅣ無故ㅣ어든不殺羊ᄒᆞ며士ㅣ無故ㅣ어든不殺犬豕失니君子ㅣ遠去聲庖廚ᄒᆞ야凡有血氣之類를弗身踐翦也ᄒᆞᄂᆞ니라

●禮記예글오ᄃᆡ님금이연괴업거든쇼ᄅᆞᆯ죽이디아니ᄒᆞ며태위연괴업거든羊을죽이디아니ᄒᆞ며士ㅣ연괴업거든개과돋ᄅᆞᆯ죽이디아니ᄒᆞᄂᆞ니君子ㅣ庖과廚ᄅᆞᆯ멀리ᄒᆞ야믈읫血氣둔ᄂᆞᆫ類ᄅᆞᆯ친이죽이디아ᄂᆞ니라

(集說)陳氏曰故、謂祭祀、及賓客饗食之禮也、庖、宰殺之所、廚、烹飪之所、身、親

也、踐、當作翦、殺也

○樂記에 曰豢(患)豕爲酒ㅣ 非以爲禍也ㅣ언마는 而獄訟益繁은 則酒之流ㅣ生禍也ㅣ니 是故로 先王이 因爲酒禮ᄒᆞ샤 一獻之禮에 賓主ㅣ百拜ᄒᆞ야 終日飮酒ᄒᆞ되 而不得醉焉ᄒᆞ니 此ㅣ先王之所以備酒禍也ㅣ시니라

◉樂記예ᄀᆞᆯ오ᄃᆡ돋치며술ᄆᆡᆼᄀᆞᆯ옴이ᄡᅧ禍ㅣ되게ᄒᆞᆫ줄이아니언마ᄂᆞᆫ가도이며ᄉᆞᆼᄉᆞ홈이더욱하믄곧술의근티禍를내욤이니이런故로녯님금이因하야술먹을례도를ᄆᆡᆼᄀᆞᆯᄋᆞ샤ᄒᆞᆫ번받ᄌᆞᆸᄂᆞᆫ례도애손과쥬인이일ᄇᆡᆨ번절ᄒᆞ야날이졈으도록술먹오ᄃᆡ시러곰醉티아니케ᄒᆞ니이녯님금이ᄡᅧ술의禍를막ᄌᆞ르신배니라

(集說)吳氏曰豢、養也、爲、猶造也、獄訟益繁、謂小人、乘醉相侵、以致獄訟滋多也、一獻、士禮也、百拜、言多也、一獻之禮、而賓主、至於百拜、終日飮酒、而終不得醉、其所以備飮酒之禍者、至矣

○孟子ㅣ曰飮食之人을 則人이 賤之矣ᄂᆞ니 爲(去聲)其養小以失大也ㅣ니라

●孟子ㅣ ᄀᆞᆯᄋᆞ샤ᄃᆡ飮食만ᄒᆞᄂᆞᆫ사ᄅᆞᆷ을곤사ᄅᆞᆷ이賤히너기ᄂᆞ니그져근거ᄉᆞᆯ쳐ᄡᅥ큰거ᄉᆞᆯ일흠을爲ᄒᆞᆫ예니라

(集解)飮食之人、專養口體者也、小謂口體、大、謂心志

右ᄂᆞᆫ**明飮食之節**ᄒᆞ니라

●이우ᄒᆞᆫ飮食ᄒᆞᄂᆞᆫ례졀을ᄇᆞᆰ히니라

原本小學集註卷之三

原本小學集註卷之四

稽古第四ㅣ라

內篇

●네일샹고홈이니ᄎᆞ례녜넴재라

(集說)陳氏曰稽、考也、此篇、考虞夏商周、聖賢已行之跡、以證前篇、立教、明倫敬身之言也、凡四十七章

孟子ㅣ道性善호샤ᄃᆡ 言必稱堯舜이러시니 其言曰舜은 爲法於天下호샤 可傳於後世어시늘 我는 猶未免爲鄉人也호니 是則可憂也ㅣ라 憂之如何오 如舜而已矣라ᄒᆞ시니 摭(隻)往行(去聲)實前言ᄒᆞ야 述此篇ᄒᆞ야 使讀者로 有所興起ᄒᆞ노라

●孟子ㅣ性이어딘줄을닐ᄋᆞ샤ᄃᆡ말ᄉᆞᆷ마다 반ᄃᆞ시堯와舜을일ᄏᆞᄅᆞ더시니 그말ᄉᆞᆷ애ᄀᆞᆯ오ᄃᆡ舜은天下의法이되샤可히後世예傳ᄒᆞ 거시ᄂᆞᆯ나ᄂᆞᆫ오히려샹사ᄅᆞᆷ되욤을免티몯ᄒᆞ얏노니이곧可히근 심되니라근심홀댄엇디료舜ᄀᆞᆮ홀ᄯᆞᄅᆞᆷ이라ᄒᆞ시니디난ᄒᆡᆼ실을모도와前일말ᄉᆞᆷ을實히와이 篇을지어닑으리로ᄒᆡ여곰興起홀배잇게ᄒᆞ노라

(集說)朱子曰道、言也、性者、人所稟於天、以生之理也、渾然至善、未嘗有惡、

人與堯舜、初無少異、但衆人、汨骨於私欲而失之、堯舜則無私欲之蔽、而能充其性爾、故、孟子每道性善、而必稱堯舜以實之、欲人知仁義、不假外求、聖人、可學而至、而不懈於用力也

太任(壬下同)은 文王之母ㅣ시니 摯(至) 任氏之中(仲)女也ㅣ러시니 王季ㅣ 娶以爲妃ᄒᆞ시니라

● 太任은文王어마님이시니摯ㅅ님금任氏이버근ᄯᆞᆯ이러시니王季마자ᄡᅧ왕비를삼으시니라

(集說) 吳氏曰任、姓也、太任、尊稱之也、文王、姬姓、名昌、周國之君也、摯、國名、中女、次女也、王季、周太王、子、名季歷、文王、父也

太任之性이 端一誠莊ᄒᆞ샤 惟德之行ᄒᆞ더시니 及其娠(身) 文王ᄒᆞ샤 目不視惡色ᄒᆞ시며 耳不聽淫聲ᄒᆞ시며 口不出敖 言이러시니 生文王而明聖ᄒᆞ야 太任이 敎之以一而識百이러시니 卒爲周宗ᄒᆞ시니 君子ㅣ 謂太任이 爲能胎敎ㅣ라ᄒᆞ니라

○太任의性이단졍ᄒᆞ며젼일ᄒᆞ며졍셩되며장엄ᄒᆞ샤오직德을行ᄒᆞ더시니밋그文

王을ᄇᆡ샤눈에사오나온빗출보디아니ᄒᆞ시며귀예음난ᄒᆞᆫ소리ᄅᆞᆯ듣디아니ᄒᆞ시며입에오만ᄒᆞᆫ말ᄉᆞᆷ내디아니ᄒᆞ더시니文王올나ᄒᆞ심애총명ᄒᆞ시고통달ᄒᆞ샤太任이ᄒᆞᆫ나ᄒᆞ로ᄡᅥ ᄀᆞᄅᆞ치시매百을아더시니ᄆᆞᄎᆞᆷ내周ㅅ나랏웃듬 님금이되시니君子ㅣ닐오ᄃᆡ太任이能히ᄇᆡ여셔ᄀᆞᆯᄋᆞ치다ᄒᆞ니라

(集解)端、謂正而不邪、一、謂純而不二、誠、謂眞實無妄、莊、謂容貌端嚴、盖太任、天性、備此四德故、見於躬行者、皆本於德性之自然、(集成)宗、謂有德、有功、爲百世不遷之廟、(增註)此、摭太任之行、以實首篇胎敎之言、後皆倣此、然、或詳、或略、未必盡同、讀者、宜求其大意焉

○孟軻之母ㅣ其舍ㅣ近墓ㅣ러니 孟子之少也애 嬉戲에 爲墓間之事ᄒᆞ야 踊躍築埋어시늘 孟母ㅣ曰此ㅣ非所以居子也ㅣ라ᄒᆞ고 乃去舍市ᄒᆞ니 其嬉戲에 爲賈(古)衒(炫)이어시늘 孟母ㅣ曰此ㅣ非所以居子也ㅣ라ᄒᆞ고 乃徙舍學宮之旁ᄒᆞ니 其嬉戲에 乃設俎豆ᄒᆞ야 揖讓進退어시늘 孟母ㅣ曰此ㅣ眞可以居子矣로다ᄒᆞ고 遂居之ᄒᆞ니라

●孟軻ㅅ어마님이그집이무덤에갓갑더니孟子ㅣ점어겨 실적의놀옴놀이예무덤ᄡᆞ이일ᄋᆞᆯᄒᆞ야ᄯᅱ놀며다 ᄋᆞ며ᄆᆞᆮᄂᆞᆫ양ᄋᆞᆯᄒᆞ거시ᄂᆞᆯ孟子ㅅ어마님이ᄀᆞᆯ오ᄃᆡ이ᄡᅥ아달

살닐배아니라ᄒᆞ고ᄇᆞ리고져제가집ᄒᆞ니그놀옴놀이예흥졍ᄒᆞ며ᄑᆞᄂᆞᆫ일을ᄒᆞ시거늘孟子ㅅ어마님이골오ᄃᆡ이써아ᄃᆞᆯ살닐배아니라ᄒᆞ고올마學宮겻ᄐᆡ가집ᄒᆞ니그놀옴놀이예俎과豆ᄅᆞᆯ버려揖ᄒᆞ야ᄉᆞ양ᄒᆞ며나으며믈으거시늘孟子ㅅ어마님이골오ᄃᆡ이진실로可히써아ᄃᆞᆯ삭렴작ᄒᆞ도다ᄒᆞ고드ᄃᆡ여사니라

(增註)軻、孟子名、舍、居也、(集觧)賈、商賈、衒、衒鬻、俎豆、祭器也、揖讓進退、禮之容也

孟子ㅣ幼時예問東家殺猪ᄂᆞᆫ何爲오母ㅣ曰欲啖(淡)汝ㅣ니라既而悔曰吾聞古有胎教ㅣ다ᄒᆞ니今適有知而欺之면是ᄂᆞᆫ教之不信이라ᄒᆞ고乃買猪肉ᄒᆞ야以食(似)之ᄒᆞ니라

● 孟子ㅣ아ᄒᆡᆺ적의무ᄅᆞ샤ᄃᆡ東녁집의셔돗을죽이믄므슴홀여ᄒᆞᄂᆞᆫ고어마님이골오ᄃᆡ너를먹이고져ᄒᆞᄂᆞ니라이윽고뉘우처골오ᄃᆡ나ᄂᆞᆫ들오니녜ᄂᆞᆫ비여서골ᄋᆞ침이잇다호니이제보야ᄒᆞ로알옴이잇거ᄂᆞᆯ속이면이ᄂᆞᆫ밋브지아니홈으로골ᄋᆞ침이라ᄒᆞ고돗ᄐᆡ고기ᄅᆞᆯ사써먹이니라

(集說)陳氏曰啖、食也、欲啖汝、戲答之也、適、猶方也、買肉食之、以實前言也

既長就學ᄒᆞ야遂成大儒ᄒᆞ시니라

● 이믜ᄌᆞ라學의아가드듸여큰션비되시니라

(增註)趙氏曰孟子、夙喪父、幼被慈母三遷之教、長、師孔子之孫子思、通五經、著書七篇

○孔子ㅣ嘗獨立이어시늘 鯉ㅣ趨而過庭ᄒᆞ더니 曰學詩乎아 對曰未也ㅣ로이다 不學詩면 無以言이라ᄒᆞ야시늘 鯉ㅣ退而學詩ᄒᆞ니라

● 孔子ㅣ일즉ᄒᆞᆫᄌᆞ셔거시늘鯉ㅣᄲᆞᆯ리거러ᄠᅳᆯ헤디나더니ᄀᆞᆯ오샤ᄃᆡ詩ᄅᆞᆯ비환ᄂᆞᆫ다ᄃᆡ답ᄒᆞ야ᄀᆞᆯ오ᄃᆡ아니ᄒᆞ얀노이다詩ᄅᆞᆯ비호디아니ᄒᆞ면ᄡᅥ말올몯ᄒᆞ리라ᄒᆞ여시ᄂᆞᆯ鯉ㅣ믈러와詩ᄅᆞᆯ비호니라

(集解)鯉、孔子之子、伯魚也、朱子曰事理通達而心氣和平故、能言

他日에 又獨立이어시늘 鯉ㅣ趨而過庭ᄒᆞ더니 曰學禮乎아 對曰未也ㅣ로이다 不學禮면 無以立이라ᄒᆞ야시늘 鯉ㅣ退而學禮ᄒᆞ니라

● 다ᄅᆞᆫ날애ᄯᅩᄒᆞ온자셔거시늘鯉ㅣᄲᆞᆯ리거러ᄠᅳᆯ헤디나더니ᄀᆞᆯ오샤ᄃᆡ禮ᄅᆞᆯ비환ᄂᆞᆫ다ᄃᆡ답ᄒᆞ야ᄀᆞᆯ오ᄃᆡ아니ᄒᆞ얀노이다禮ᄅᆞᆯ비호디아니ᄒᆞ면ᄡᅥ셔디몯ᄒᆞ리라ᄒᆞ여시ᄂᆞᆯ鯉ㅣ믈러와禮ᄅᆞᆯ비호니라

(集解)朱子曰品節詳明而德性堅定故、能立

○孔子ㅣ謂伯魚曰女汝ㅣ爲周南召南(邵 下同)南矣乎아人而不爲周南召南이면其猶正墻面而立也與(平聲)뎌

●孔子ㅣ伯魚ᄃᆞ려닐너ᄀᆞᆯᄋᆞ샤ᄃᆡ네周南과召南을ᄒᆞ얀ᄂᆞᆫ다사ᄅᆞᆷ이오周南召南알ᄒᆞ디아녀시면그正히담애ᄂᆞᆾ두고셤ᄀᆞᆺ탄뎌

(集解)朱子曰爲、猶學也、周南、召南、詩首篇名、所言、皆修身齊家之事、正墻面而立、言即其至近之地、而一物無所見、一步不可行

右ᄂᆞᆫ立敎ㅣ라

○이우ᄒᆞᆫ글은침알세옴이라

虞舜이父頑母嚚(銀)ᄒᆞ며象傲ㅣ어ᄂᆞᆯ克諧以孝ᄒᆞ샤烝烝乂ᄒᆞ야不格姦ᄒᆞ시니라

●虞舜이아비ᄂᆞᆫ頑ᄒᆞ고어미ᄂᆞᆫ嚚ᄒᆞ며象은교만ᄒᆞ거ᄂᆞᆯ능히화케호ᄃᆡ효도로써ᄒᆞ샤나암나암다ᄉᆞ라간악애니ᄅᆞ디아니케ᄒᆞ시니라

(集解)蔡氏曰虞、氏、舜、名也、舜父、號瞽瞍、心不則德義之經、爲頑、母、舜後母也、口不道忠信之言、爲嚚、象、舜異母弟、名、傲、驕慢也、諧、和也、烝、進也、乂、治也、格、至也、言舜、不幸遭此、而能和以孝、使之進進以善、自治而不至於大爲姦惡、也

○萬章이 問曰舜이 往于田ᄒᆞ샤 號平聲下同泣于旻民天ᄒᆞ시니 何爲其號泣也ㅣ잇고 孟子ㅣ 曰怨慕也ㅣ시니라 我ㅣ竭力耕田ᄒᆞ야 共恭爲子職而已矣로니 父母之不我愛ᄂᆞᆫ 於我애 何哉오ᄒᆞ시니라

(諺) 萬章이묻조와ᄀᆞᆯ오ᄃᆡ舜이밧ᄐᆡ가샤旻天ᄭᅴ불으지져우르시니엇디그불으지져우르시니잇고孟子ㅣᄀᆞᆯᄋᆞ샤ᄃᆡ셜워ᄒᆞ야ᄉᆞ모ᄒᆞ심이니라내힘을다ᄒᆞ야밧ᄒᆞᆯ가라온공히ᄌᆞ식의소임을ᄒᆞᆯᄯᆞᄅᆞᆷ이로니父母의날ᄉᆞ랑티아니ᄒᆞ심은내게엇딘고ᄒᆞ시니라

(集說) 朱子曰萬章、孟子弟子、舜往于田、耕歷山時也、仁覆閔下、謂之旻天、號泣于旻天、呼天而泣也、事見虞書、大禹謨篇、怨慕、怨己之不得其親、而思慕也、於我何哉、自責、不知己有何罪耳、非怨父母也

帝ㅣ使其子九男二女로 百官牛羊倉廩을 備ᄒᆞ야 以事舜於畎畝之中ᄒᆞ시니 天下之士ㅣ 多就之者ㅣ어ᄂᆞᆯ 帝ㅣ 將胥天下而遷之焉이러시니 爲去聲不順於父母ㅣ라 如窮人無所歸러시다

(諺) 帝그ᄌᆞ식아홉아ᄃᆞᆯ과두ᄯᆞᆯ로ᄒᆡ여곰百官이며牛와羊이며倉廩을ᄀᆞᆺ초아써舜을밧이랑가온대가셤기게ᄒᆞ시니天下앳선비나아갈이하거ᄂᆞᆯ帝장ᄎᆞᆺ天下ᄅᆞᆯ보와옴

기려ᄒᆞ더시니父母ㅅ긔順티몯ᄒᆞᆷ을위ᄒᆞ신디라窮ᄒᆞᆫ사ᄅᆞᆷ이갈배업스니ᄀᆞᆮ더시다

(集說) 朱子曰帝、堯也、史記、云二女妻(去聲)之、以觀其內、九男、事之、以觀其外、又言、一年、所居成聚、二年成邑、三年成都、是、天下之士、就之也、胥、相視也、遷之、移以與之也、如窮人無所歸、言其怨慕迫切之甚也

天下之士ㅣ悅之ᄂᆞᆫ人之所欲也ㅣ어늘而不足以解憂ᄒᆞ시며好(如字)色은人之所欲이어늘妻(如字)帝之二女ᄒᆞ샤ᄃᆡ而不足以解憂ᄒᆞ시며富ᄂᆞᆫ人之所欲이어늘富有天下ᄒᆞ샤ᄃᆡ而不足以解憂ᄒᆞ시니貴ᄂᆞᆫ人之所欲이어늘貴爲天子ᄒᆞ샤ᄃᆡ而不足以解憂ᄒᆞ시니人悅之와好色과富貴에無足以解憂者ㅣ오惟順於父母ㅣ라사可以解憂ㅣ러시다

●天下의션비깃거ᄒᆞᆷ은사ᄅᆞᆷ의ᄒᆞ고져ᄒᆞ논배어늘足히뻐근심을프디몯ᄒᆞ시며됴ᄒᆞᆫ色은사ᄅᆞᆷ의ᄒᆞ고져ᄒᆞ논배어늘帝의두ᄯᆞᆯ을안해삼ᄋᆞ샤ᄃᆡ足히뻐근심을프디몯ᄒᆞ시며가ᅀᆞᆷ여롬은사ᄅᆞᆷ의ᄒᆞ고져ᄒᆞ논배어늘가ᅀᆞᆷ여롬이天下를두샤ᄃᆡ足히뻐근심을프디몯ᄒᆞ시며貴ᄒᆞᆷ은사ᄅᆞᆷ의ᄒᆞ고져ᄒᆞ논배어늘貴ᄒᆞᆷ이天子ㅣ되샤ᄃᆡ足히뻐근심을프디몯ᄒᆞ시니사ᄅᆞᆷ깃거ᄒᆞᆷ과됴ᄒᆞᆫ色과가ᅀᆞᆷ여롬과貴ᄒᆞᆷ이足히뻐근심을플새시업고오직父母ㅅ긔順ᄒᆞ야사可히뻐근심을플리러시다

(集說)朱子曰孟子、推舜之心、如此、以鮮上文之意、極天下之欲、不足以鮮憂、而惟順於父母、可以解憂、孟子、眞知舜之心哉

人이少則慕父母라가知好(去聲)色則慕少艾ᄒᆞ고有妻子則慕妻子ᄒᆞ고仕則慕君ᄒᆞ고不得於君則熱中ᄒᆞ니大孝ᄂᆞᆫ終身慕父母ᄒᆞᄂᆞ니五十而慕者ᄅᆞᆯ予ㅣ於大舜에見之矣로라

●사ᄅᆞᆷ이졈은제ᄂᆞᆫ父母ᄅᆞᆯᄉᆞ모ᄒᆞ고色됴히너김을아라ᄂᆞᆫ졈고고온이ᄅᆞᆯᄉᆞ모ᄒᆞ고妻子ᄅᆞᆯ두어ᄂᆞᆫ妻子ᄅᆞᆯᄉᆞ모ᄒᆞ고벼슬ᄒᆞ야ᄂᆞᆫ님금을ᄉᆞ모ᄒᆞ고님금ᄭᅴ得디몯ᄒᆞ야ᄂᆞᆫ속이덥다라ᄒᆞᄂᆞ니큰효도ᄂᆞᆫ몸이ᄆᆞᆺ도록父母ᄅᆞᆯᄉᆞ모ᄒᆞᄂᆞ니쉰에ᄉᆞ모ᄒᆞᄂᆞᆫ이ᄅᆞᆯ내大舜ᄭᅴ보오라

(集說)朱子曰言常人之情、因物有遷、惟聖人、爲能不失其本心也、艾、美好也、不得、失意也、熱中、躁急心熱也、言五十者、舜攝政時、年五十也、五十而慕、則其終身慕、可知矣、此章、言舜、不以得衆人之所欲、爲己樂、而以不順乎親之心、爲己憂、非聖人之盡性、其孰能之

○楊子ㅣ曰事父母호ᄃᆡ自知不足者ᄂᆞᆫ其舜乎ㅣ신뎌不可得而久者ᄂᆞᆫ事親之謂也ㅣ니孝子ᄂᆞᆫ愛日이니라

●諺 楊子ㅣ ᄀᆞᆯ오ᄃᆡ 父母ᄅᆞᆯ 셤교ᄃᆡ ᄉᆞᄉᆞ로 足디 몯홈ᄋᆞᆯ 아ᄂᆞᆫ 이ᄂᆞᆫ 그 舜이신뎌 可히 시러곰 오래 몯ᄒᆞᆯ쌔 ᄉᆞᆫ 어버이 셤김을 날옴이니 孝子ᄂᆞᆫ 날을 앗기ᄂᆞ니라

(增註)楊子、名雄、西漢人、自知不足者、謂雖已順其親、而其心、常若不足也、愛日者、惜此日之易過、懼來日之無多、而不得久事其親也

○文王之爲世子에 朝於王季ᄒᆞ샤ᄃᆡ 日三ᄒᆞ더시니 鷄初鳴而衣去聲服ᄒᆞ샤 至於寢門外ᄒᆞ샤 問內豎樹之御者曰今日安否ㅣ何如오 內豎ㅣ 曰安이어든 文王이 乃喜ᄒᆞ시며 及日中又至ᄒᆞ사 亦如之ᄒᆞ시며 及莫暮 又至ᄒᆞ샤 亦如之러시다

●文王이 世子되여 겨실제 王季ᄭᅴ 뵈ᄋᆞ오샤ᄃᆡ 날마다 세번ᄒᆞ더시니 ᄃᆞᆰ이 처엄울어든 옷닙으샤 침실門밧긔 니ᄅᆞ샤 內豎뫼션ᄂᆞᆫ이ᄃᆞ려 무러 ᄀᆞᆯᄋᆞ샤ᄃᆡ 오ᄂᆞᆯ 安否ㅣ 엇더ᄒᆞ시뇨 內豎ㅣ ᄀᆞᆯ오ᄃᆡ 편안ᄒᆞ시다 커든 文王이 이에 깃거ᄒᆞ시며 낟만홈애 미처 ᄯᅩ 니ᄅᆞ샤 ᄯᅩ ᄀᆞᆮ티ᄒᆞ시며 나조ᄒᆡ 미처 ᄯᅩ 니ᄅᆞ샤 ᄯᅩ ᄀᆞᆮ티ᄒᆞ더시다

(集解)陳氏曰內豎、內庭之小臣、御、是直日者、世子、朝父母、惟朝夕二禮、今文王、日三、聖人、過人之行也

其有不安節이어시든 則內豎ㅣ 以告文王ᄒᆞ야든 文王이 色憂ᄒᆞ샤 行不能

正履(ᄒᆞ시더니)王季ㅣ復(복)膳然後에 亦復初(ㅣ러시다)食上에 必在視寒暖之節(ᄒᆞ시며) 食下(ㅣ어든) 問所膳(ᄒᆞ시고) 命膳宰曰末有原(이어시든) 應曰諾然後에 退(ᄒᆞ더시다)

●(諺)그節에편안티몯홈이겨시거곧內豎ㅣ뻐文王ᄭᅴ엳ᄌᆞ와든文王이ᄂᆞᆺ빗체근심ᄒᆞ샤거르실제能이바ᄅᆞ드듸디몯ᄒᆞ더시니王季진지를도로ᄒᆞ신후에야ᄯᅩ처엄대로ᄒᆞ더시다진지오를제반ᄃᆞ시시그며더운졀ᄎᆞ를ᄉᆞᆯ펴보시며진지믈ᄋᆞ와든자신바를무르시고진지ᄀᆞ옴안사ᄅᆞᆷᄃᆞ려命ᄒᆞ야ᄀᆞᆯᄋᆞ샤ᄃᆡ다시들임이잇디말라ᄒᆞ야시든ᄃᆡ답ᄒᆞ야ᄀᆞᆯ오ᄃᆡ그리호리이다ᄒᆞᆫ후에야믈러나더시다

(集解)陳氏曰不安節、謂有疾、不能循(순)其起居飲食之常時也、食上、進膳於親也、在、察也、食下、食畢而徹也、問所膳、問所食之多寡也、末、猶勿也、原、再也、謂所食之餘、不可再進也

○文王이 有疾(이어시든) 武王이 不說脫 冠帶而養(ᄒᆞ더시니) 文王이 一飯(이어시든) 亦一飯(ᄒᆞ시며) 文王이 再飯(이어시든) 亦再飯(ᄒᆞ더시다)

●(諺)文王이병이잇거시든武王이冠帶를벗디아니ᄒᆞ야봉양ᄒᆞ더시니文王이ᄒᆞᆫ번뫼자셔든ᄯᅩᄒᆞᆫ뫼자시며文王이두번뫼자셔든ᄯᅩ두번뫼자시더시다

(集說)吳氏曰武王、名發、文王之子、武王、爲親疾、跬步不離、不敢脫冠帶以自適也、人之飮食、或疏、或數、時其饑飽、今武王、以親疾、志不在於飮食、一飯、再飯、惟親之視、不敢如平時、私適其欲也

◎孔子ㅣ曰武王周公은 其達孝矣乎ㅣ신뎌 夫孝者는 善繼人之志ᄒᆞ며 善述人之事者也ㅣ니라

●孔子ㅣ ᄀᆞᆯᄋᆞ샤ᄃᆡ 武王과周公은그達ᄒᆞᆫ孝ㅣ신뎌孝ㅣ란거ᄉᆞᆫ사ᄅᆞᆷ의ᄯᅳᆺ을잘니으며사ᄅᆞᆷ의일을잘조ᄎᆞᆷ이니라

(增註)周公、名旦、文王之子、武王之弟也、志者、事之未成者也、繼則續而成之、事者、志之已成者也、述則循而行之、(集解)朱子曰達、通也、言、武王周公之孝、乃天下之人、通謂之孝也、武王、纘大王、王季、文王之緖、以有天下、而周公、成文武之德、以追崇其先祖、此、繼志述事之大者也

踐其位ᄒᆞ야 行其禮ᄒᆞ며 奏其樂ᄒᆞ며 敬其所尊ᄒᆞ며 愛其所親ᄒᆞ며 事死如事生ᄒᆞ며 事亡如事存이 孝之至也ㅣ니라

●그位를ᄇᆞᆲ와그례도ᄅᆞᆯ行ᄒᆞ며그음악을奏ᄒᆞ며그尊히ᄒᆞ시던바ᄅᆞᆯ공경ᄒᆞ며그親히ᄒᆞ시던바ᄅᆞᆯᄉᆞ랑ᄒᆞ며죽으니셤김을산이셤김ᄀᆞᆺ티ᄒᆞ며업ᄉᆞ니셤김을인ᄂᆞᆫ이셤

김ᄀᆞᆺ티홈이효도의지극홈이니라

(集解)朱子曰踐、猶履也、其、指先王也、所尊、所親、先王之祖考、子孫、臣庶也
始死、謂之死、既葬則曰反而亡焉、皆指先王也、此皆繼志述事之意也

○淮南子ㅣ曰周公之事文王也에行去聲無專制ᄒᆞ시며事無由己ᄒᆞ시며身若不勝升下同衣ᄒᆞ시며言若不出口ᄒᆞ시며有奉持於文王애洞洞屬屬ᄒᆞ샤如將不勝ᄒᆞ시며如恐失之ᄒᆞ시니可謂能子矣로다

●淮南子ㅣ ᄀᆞᆯ오ᄃᆡ周公이文王셤기실제힝실을쳔ᄌᆞᄒᆞ야결단홈이업ᄉᆞ시며일ᄋᆞᆯ몸으로말미암아홈 이업ᄉᆞ시며몸애 오ᄉᆞᆯ이긔디몯ᄒᆞᄂᆞᆫᄃᆞᆺᄒᆞ시며말ᄉᆞᆷ이입에나디몯ᄒᆞᄂᆞᆫᄃᆞᆺᄒᆞ시며文王ᄭᅴ 밧드러ᄌᆞᆸ들미이심애洞洞ᄒᆞ며屬屬ᄒᆞ샤쟝ᄎᆞᆺ이긔디몯ᄒᆞᆯᄃᆞᆺᄒᆞ시며일흘 가저ᄒᆞ시ᄒᆞ시니可히아ᄃᆞᆯ의도ᄅᆞᆯ能히ᄒᆞ다닐으리로다

(集解)淮南子、漢淮南王、劉安、所編、行無專制、所行、必稟命也、事無由己、凡事、不專決也、身若不勝衣、持身之謹、若怯懦也、言若不出口、出言、常謹愼也、至若奉物於父、則又極乎質慤專一之心、常如不勝而有所失墜者、可謂能盡子道矣

○孟子ㅣ曰曾子ㅣ養曾晳ᄒᆞ실시必有酒肉ᄒᆞ더시니將徹ᄒᆞᆯ서必請所與ᄒᆞ시며問有餘ㅣ어든必曰有ㅣ라ᄒᆞ더시다曾晳이死커늘曾元이養曾子호ᄃᆡ必有

酒肉ᄒᆞ더니將徹ᄒᆞᆯ서不請所與ᄒᆞ며問有餘ㅣ어시든曰亡無矣ᄒᆞ니라將以復扶又反進也ㅣ라此는所謂養口體者也ㅣ니若曾子則可謂養志也ㅣ니라

●孟子ㅣᄀᆞᆯᄋᆞ샤ᄃᆡ曾子ㅣ曾晳을봉양ᄒᆞ실ᄉᆡ반ᄃᆞ시술과고기ᄅᆞᆯ두더시니쟝ᄎᆞᆺ설ᄉᆡ반ᄃᆞ시주실바ᄅᆞᆯ請ᄒᆞ시며남은이잇ᄂᆞ냐믇거든반ᄃᆞ시ᄀᆞᆯ오ᄃᆡ잇ᄂᆞ이다ᄒᆞ더시다曾晳이죽거ᄂᆞᆯ曾元이曾子ᄅᆞᆯ봉양호ᄃᆡ반ᄃᆞ시술과고기ᄅᆞᆯ두더니쟝ᄎᆞᆺ설ᄉᆡ주실바ᄅᆞᆯ請티아니ᄒᆞ며남은이잇ᄂᆞ냐믇거시든ᄀᆞᆯ오ᄃᆡ업ᄉᆞ이다ᄒᆞ니쟝ᄎᆞᆺ써다시드리려홈이라이ᄂᆞᆫ닐온바입과몸만봉양홈이니曾子ᄀᆞᆮᄐᆞ니ᄂᆞᆫ可히ᄠᅳᆮ을봉양ᄒᆞᆫ다일ᄋᆞ리니라

(集說)朱子曰曾晳、名點、曾子、父也、曾元、曾子、子也、曾子、養其父、每食、必有酒肉、食畢將徹去、必請於父曰此餘者、與誰、或父、問此物、尙有餘否、必曰有、恐親意、更欲與人也、曾元、不請所與、雖有、言無、其意、將以復進於親、不欲其與人也、此、但能養父母之口體而已、曾子則能承順父母之志、而不忍傷之也

事親이若曾子者ㅣ可也ㅣ니라

●어버이셤김이曾子ᄀᆞᆮᄐᆞ니可ᄒᆞ니라

(集說)朱子曰言當如曾子之養志、不可如曾元、但養口體、程子曰子之身、所能爲

者、皆所當爲、無過分之事也、故、事親、若曾子、可謂至矣、而孟子、止曰可也、豈以曾子之孝、爲有餘哉

○孔子ㅣ曰孝哉라閔子騫이여人不間(去聲)於其父母昆弟之言이로다

●孔子ㅣᄀᆞᆯᄋᆞ샤ᄃᆡ효도롭다閔子騫이여사ᄅᆞᆷ이그父母형뎨의말ᄉᆞᆷ에間ᄒᆞ디몯ᄒᆞ놋다

(集解)閔子騫、孔子、弟子、名損、胡氏曰父母兄弟、稱其孝友、人皆信之、無異辭者、蓋其孝友之實、有以積於中而著於外、故、夫子嘆而美之

○老萊子ㅣ孝奉二親ᄒᆞ더니行年七十에作嬰兒戲ᄒᆞ야身著(략)酌五色斑爛(蘭)之衣ᄒᆞ며嘗取水上堂ᄒᆞᆯ시詐跌(迭)仆(付)臥地ᄒᆞ야爲小兒啼ᄒᆞ며弄雛於親側ᄒᆞ야欲親之喜ᄒᆞ더라

●老萊子ㅣ두어버이ᄅᆞᆯ효도로이봉양ᄒᆞ더니지낸나히닐흔에어린아ᄒᆡ희롱을ᄒᆞ야몸애다ᄉᆞᆺ빗체아롱오ᄉᆞᆯ닙으며일즉믈가져堂의오ᄅᆞᆯ시거즛것텨업더뎌ᄯᅡ해누어져근아ᄒᆡ우룸을ᄒᆞ며새삿기ᄅᆞᆯ어버의겻희셔희롱ᄒᆞ야어버이깃거코뎌ᄒᆞ더라

(集說)吳氏曰老萊子、楚人、孝事二親、年老而爲嬰兒之事於親旁、蓋恐親見子之老而生悲感、故、爲是以娛其心也

○樂正子春이下堂而傷其足ᄒᆞ고數月不出ᄒᆞ야猶有憂色ᄒᆞ더니門弟子ㅣ曰夫子之足이瘳抽矣로ᄃᆡ數月不出ᄒᆞ샤猶有憂色은何也잇고

○樂正子春이 堂의 ᄂᆞ리다가 그발을 히오고 두어ᄃᆞᆯ을 나디 아니ᄒᆞ야 오히려 근심ᄒᆞᄂᆞᆫ ᄂᆞᆺ빗출 둣더니 門弟子ㅣ 골오ᄃᆡ 夫子의 발이 됴하겨샤ᄃᆡ 두어ᄃᆞᆯ을 나디 아니샤 오히려 근심ᄒᆞ시ᄂᆞᆫ 빗출 두샴은 엇디미니잇고

(集解)樂正、姓、子春、名、曾子、弟子、瘳、愈也

樂正子春이曰善如、라爾之問也여善如、라爾之問也여吾ᄂᆞᆫ聞諸曾子ᄒᆞ고曾子ᄂᆞᆫ聞諸夫子ᄒᆞ시니曰天之所生과地之所養에惟人이爲大ᄒᆞ니父母ㅣ全而生之ᄒᆞ시니子ㅣ全而歸之라야可謂孝矣라不虧其體ᄒᆞ며不辱其身이면可謂全矣라ᄒᆞ시니故로君子ᄂᆞᆫ頃步而不敢忘孝也ᄒᆞᄂᆞ니今予ㅣ忘孝之道ㅣ라予ㅣ是以로有憂色也ㅣ로라一擧足而不敢忘父母ㅣ라是故로道而不徑ᄒᆞ며舟而不游ᄒᆞ야不敢以先父母之遺體로行殆ᄒᆞ며一出言而不敢忘父母ㅣ라是故로惡言이

不出於口ᄒᆞ며忿言이不反於身ᄒᆞᄂᆞ니不辱其身ᄒᆞ며不羞其親이면可謂孝矣니라

●樂正子春이ᄀᆞᆯ오ᄃᆡ아ᄅᆞᆷ답다네무룸ᄀᆞᆺ담이여아ᄅᆞᆷ답다네무룸ᄀᆞᆺ담이여나ᄂᆞᆫ曾子ᄭᅴ듯잡고曾子ᄂᆞᆫ夫子ᄭᅴ듯ᄌᆞ오니ᄀᆞᆯᄋᆞ샤ᄃᆡ하ᄂᆞᆯ히내신바와ᄯᅡ히치시ᄂᆞᆫ바애오직사ᄅᆞᆷ이크니父母ㅣ올와나ᄒᆞ시니ᄌᆞ식이올와도라개야可히효되라니ᄅᆞᆯ새시니그형톄을ᄒᆞ야ᄇᆞ리디아니며그몸을辱ᄒᆞ디아니ᄒᆞ면可히올오다닐을이라ᄒᆞ시니그러모로君子ᄂᆞᆫ頃步이라도敢히효도ᄅᆞᆯ닛디못ᄒᆞᄂᆞ니이졔내孝의도ᄅᆞᆯ니즌디라내일로써근심ᄒᆞᄂᆞᆫᄂᆞᆺ빗ᄎᆞᆯ듯노라ᄒᆞᆫ번발들옴애敢히父母ᄅᆞᆯ닛디못ᄒᆞᆯ찌라이런故로길흐로ᄒᆞ고즐어아니ᄒᆞ며ᄇᆡ로ᄒᆞ고헤움ᄒᆞ디아니ᄒᆞ야敢히先父母의기틴신몸을오써위틔ᄒᆞᆫᄃᆡ단니디아니ᄒᆞ며ᄒᆞᆫ번말ᄉᆞᆷ냄애敢히父母ᄅᆞᆯ닛디못ᄒᆞᆯ찌라이런故로사오나온말ᄉᆞᆷ이입에내디아니ᄒᆞ며忿ᄒᆞᆫ말ᄉᆞᆷ이몸애도라오디아니ᄒᆞᄂᆞ니그몸을辱ᄒᆞ디아니ᄒᆞ며그어버이ᄅᆞᆯ븟그리디아니케ᄒᆞ면可히효되라닐을디니라

(集說)吳氏曰善、美也、重言之者、亟稱之、以美其問也、惟人爲大、記、作無人爲大、言、無如人、最爲大、盖天地之性、人爲貴也、不虧其體、所以全其形、不辱其身、所以全其德、道、大路也、徑、路之小而捷者、游、浮水也、(集成)頃、當爲跬、一舉足、爲跬、再舉足、爲步

○伯俞ㅣ有過어늘其母ㅣ笞之ᄒᆞᆫ대泣이러니其母ㅣ曰他日笞子에未
嘗泣이라가今泣은何也오對曰兪ㅣ得罪에笞常痛이러니今母之力이
不能使痛이라是以泣ᄒᆞ노이다

●伯俞ㅣ험을이잇거늘그어 미 틴대우더니그어미ᄀᆞᆯ오ᄃᆡ다ᄅᆞᆫ날애티매아ᄃᆞᆯ이일
즉우다아니ᄒᆞ다가 이져우룸은엇다 오ᄃᆡ답ᄒᆞ야ᄀᆞᆯ오ᄃᆡ兪ㅣ罪ᄅᆞᆯ어듬애티심이상
해알프더니이졔 암의 힘이能히ᄒᆞ여곰알프 게몯ᄒᆞ시ᄂᆞᆫ디라일로ᄡᅥ우노이다
(集說)陳氏曰伯兪、姓韓、名兪、笞、捶擊也、泣、涕出而無聲也、伯兪之泣、悲母力
之衰耳、事見說苑

故로曰父母ㅣ怒之어시든不作於意ᄒᆞ며不見(現下同)於色예야深受其罪ᄒᆞ야
使可哀憐이上也ㅣ오父母ㅣ怒之어시든不作於意ᄒᆞ며不見於色이其
次也ㅣ니父母ㅣ怒之어시든作於意ᄒᆞ며見於色이下也ㅣ니라

●그러모로ᄀᆞᆯ오ᄃᆡ父母ㅣ 怒ᄒᆞ거시든ᄠᅳᆮ에짓디아니ᄒᆞ며ᄂᆞᆺ빗체나타내디아니ᄒᆞ
야깁피그罪ᄅᆞᆯ받ᄌᆞ와ᄒᆞ여곰可히에엿비녀기시귀ᄒᆞ욤이읏듬이오父母ㅣ怒ᄒᆞ거
든ᄠᅳᆮ에짓디 아니ᄒᆞ며 ᄂᆞᆺ빗졔나타 내다아니홈이버게오父母ㅣ怒ᄒᆞ시거든ᄠᅳᆮ에지
으며ᄂᆞᆺ빗체나타 냄이下ㅣ니라

(集說)陳氏曰故曰以下、劉向論也

○公明宣이學於曾子ᄒᆞ되三年을不讀書ㅣ어늘曾子ㅣ曰宣아而ㅣ居參之門이三年이로되不學은何也오

●公明宣이曾子ᄭᅴ 비호ᄃᆡ세ᄒᆡ를글닑디아니ᄒᆞ거ᄂᆞᆯ曾子ㅣᄀᆞᆯᄋᆞ샤ᄃᆡ宣아네參의門에이션디세ᄒᆡ로ᄃᆡ學디아니홈은엇디오

(集說)陳氏曰公明、姓、宣、名、曾子、弟子

公明宣이曰安敢不學이리잇고宣이見夫子居庭ᄒᆞ니親在어시든叱咤(丑亞反)之聲이未嘗至於犬馬ᄒᆞ실서宣이說(悅同下)之ᄒᆞ야學而未能ᄒᆞ며宣이見夫子之應賓客ᄒᆞ니恭儉而不懈惰ᄒᆞ실서宣이說之ᄒᆞ야學而未能ᄒᆞ며宣이見夫子之居朝廷ᄒᆞ니嚴臨下而不毁傷ᄒᆞ실서宣아說之ᄒᆞ야學而未能ᄒᆞ니宣이說此三者ᄒᆞ야學而未能이니宣이安敢不學而居夫子之門乎ㅣ리잇고

●公明宣이 ᄀᆞᆯ오ᄃᆡ엇디敢히비호디아니ᄒᆞ리잇고宣이夫子ㅣ가뎡에겨샴을보니어버이잇거시든ᄭᅮ짓ᄂᆞᆫ소릐일즉개와ᄆᆞᆯ게도니르디아니ᄒᆞ실ᄉᆡ宣이됴히너겨비

호ᄃᆡ能히못ᄒᆞ며宣이夫子의손ᄃᆡ졉ᄒᆞ심을보니공경ᄒᆞ며검박ᄒᆞ샤게을으디아니ᄒᆞ실시宣이됴하너겨비호ᄃᆡ能히못ᄒᆞ며宣이夫子의朝廷에겨샴을보니싁〻히아래ᄅᆞᆯ臨ᄒᆞ샤ᄃᆡᄒᆞ야ᄇᆞ리디아니ᄒᆞ실시宣이됴히너겨비호ᄃᆡ能히못호니宣이이셰일을됴히너겨비호ᄃᆡ能히못ᄒᆞ니宣이엇디敢히비호디아니ᄒᆞ고夫子ㅅ門에이시리잇고

(集說)吳氏曰夫子、謂曾子、叱咤、怒聲也、恭、莊也、儉、節制也

○少連大連이善居喪ᄒᆞ야三日不怠ᄒᆞ며三月不解ᄒᆞ며期悲哀ᄒᆞ며三年憂ᄒᆞ니東夷之子也ㅣ라

(諺)少連과大連이居喪홈을잘ᄒᆞ야三日을게을으디아니ᄒᆞ며석ᄃᆞᆯ을프러디디아니ᄒᆞ며돌ᄉᆡᄅᆞᆯ슬허ᄒᆞ며三年을근심ᄒᆞ니東녁夷의ᄌᆞ식이라

(集說)陳氏曰、三日、親始死時也、不怠、謂哀痛之切、雖不食而能自力、以致其禮也、三月、親喪在殯時也、解、與懈同、倦也、憂、謂憂戚憔悴、陳氏曰此、孔子之言也、(集解)聖人、非特稱其能行孝道、而又稱其能變夷俗也

○高子皐之執親之喪也에泣血三年ᄒᆞ야未嘗見現齒ᄒᆞ니君子ㅣ以爲難ᄒᆞ니라

●高子皐의어버의거상가져실제피나ᄃᆞ시우룸을三年을ᄒᆞ야일ᄌᆞᆨ니ᄅᆞᆯ뵈디아니ᄒᆞ니君子ㅣ써어렵다ᄒᆞ니라

(集解)子皐、名柴、孔子、弟子、孔氏曰人、涕淚、必因悲聲而出、血出則不由聲也、子皐無聲、其涕亦出、如血之出故、云泣血、不見齒、謂不笑也

○顔丁이善居喪ᄒᆞ야始死애皇皇焉如有求而弗得ᄒᆞ며旣殯에望望焉如有從而弗及ᄒᆞ며旣葬애慨然如不及其反而息ᄒᆞ더라

●顔丁이居喪ᄒᆞ기ᄅᆞᆯ잘ᄒᆞ야처엄죽어심애皇皇히求홈이이쇼ᄃᆡ얻디몯ᄒᆞᄂᆞᆫᄃᆞᆺᄒᆞ며이믜빙소홈애望望히조차감이이쇼ᄃᆡ밋디몯ᄒᆞᄂᆞᆫᄃᆞᆺᄒᆞ며이믜영장홈애ᄂᆞᆺ겨그도라오심을밋디몯ᄒᆞ여기ᄃᆞᆯ우ᄂᆞᆫᄃᆞᆺᄒᆞ더라

(集說)陳氏曰顔丁、魯人、皇皇、猶栖栖也、望望、往而不顧之貌、慨、感悵之意、始死、形可見也、旣殯、柩可見也、葬則無所見矣、如有從而弗及、似有可及之處也、葬後則不復如有所從矣、故、但言如不及其反、又云而息者、息、猶待也、不忍決忘其親、猶且行且止、以待其親之反也

○曾子ㅣ有疾ᄒᆞ샤召門弟子曰啓予足ᄒᆞ며啓予手ᄒᆞ라詩云戰戰兢兢ᄒᆞ야如臨深淵ᄒᆞ며如履薄冰ᄒᆞ라ᄒᆞ니而今而後에아吾知免夫ㅣ와락小

子아

●曾子ㅣ병이겨샤門弟子를블너골ᄋᆞ샤ᄃᆡ내발을헤혀며내손을헤혀라詩에골오ᄃᆡ저허ᄒᆞ며조심ᄒᆞ야깁흔모ᄉᆞᆯ臨ᄒᆞᆷᄀᆞᆺ티ᄒᆞ며열운어름을ᄇᆞᆲ옴ᄀᆞᆺ티ᄒᆞ라ᄒᆞ니이젠後에아내免ᄒᆞᆷ을알과라小子아

(集說)朱子曰啓、開也、曾子、平日以爲、身體、受於父母、不敢毁傷、故於此、使弟子、開其衾而視之、詩小旻之篇、戰戰、恐懼、兢兢、戒謹、臨淵、恐墜、履氷、恐陷也、曾子、以其所保之全、示門人、而言其所以保之之難、如此、至於將死而後、知其得免於毁傷也、小子、門人也、語畢而又呼之、以致反覆丁寧之意、其警之也、深矣、范氏曰身體、猶不可虧也、況虧其行去聲以辱其親乎

○箕子者ᄂᆞᆫ紂의親戚也ㅣ라紂ㅣ始爲象箸ㅣ어ᄂᆞᆯ箕子ㅣ嘆曰彼爲象箸ᄒᆞ니必爲玉杯로다爲玉杯則必思遠方珍怪之物而御之矣리니輿馬宮室之漸이自此始ᄒᆞ야不可振也ㅣ로다

●箕子ᄂᆞᆫ紂의결네라紂ㅣ비로소샹아箸를ᄆᆡᆼ글거ᄂᆞᆯ箕子ㅣ탄식ᄒᆞ야골ᄋᆞ샤ᄃᆡ샹아箸를ᄆᆡᆼᄀᆞ니반ᄃᆞ시玉잔을ᄆᆡᆼᄀᆞᆯ리로다玉잔을ᄆᆡᆼᄀᆞᆯ면반다시멀ᄃᆡᆺ귀ᄒᆞ고괴이ᄒᆞᆫ거ᄉᆞᆯᄉᆡᆼ각ᄒᆞ야ᄡᅳ려ᄒᆞ리니술위며몰이집지을漸이일로브터비르서可히구티몯ᄒᆞ

리로다

(集說)陳氏曰箕、國名、子、爵也、箕子、紂諸父、紂、商王、受也、御、用也、振、救也

紂ㅣ爲淫泆이어ᄂᆞᆯ 箕子ㅣ諫ᄒᆞ신대 紂ㅣ不聽而囚之러니 人이 或曰可以去矣라ᄒᆞ야ᄂᆞᆯ 箕子ㅣ曰爲人臣ᄒᆞ야 諫不聽而去ㅣ면 是ᄂᆞᆫ 彰君之惡而自說(悅) 於民이니 吾不忍爲也ㅣ라ᄒᆞ시고 乃被髮佯狂而爲奴ᄒᆞ샤 遂隱而鼓琴ᄒᆞ야 以自悲ᄒᆞ시니 故로 傳之曰箕子操ㅣ라ᄒᆞ니라

●紂음란ᄒᆞ며방탕ᄒᆞ거ᄂᆞᆯ箕子ㅣ諫ᄒᆞ신대紂ㅣ듣디아니ᄒᆞ고가도앗더니사ᄅᆞᆷ이或닐오ᄃᆡ可히ᄡᅥ갈거시로다ᄒᆞ야ᄂᆞᆯ箕子ㅣ갈ᄋᆞ샤ᄃᆡ사ᄅᆞᆷ의신해되여셔諫ᄒᆞ야듣디아니ᄒᆞ거든가면이ᄂᆞᆫ님금사오나옴을나타내고스ᄉᆞ로ᄇᆡᆨ셩의게깃검이니내ᄎᆞᆷ아ᄒᆞ디몯ᄒᆞ노라ᄒᆞ시고머리플고거즛미친양ᄒᆞ샤죵이되야드듸여숨으샤검은고를노라ᄡᅥ스ᄉᆞ로슬허ᄒᆞ시니그러모로傳ᄒᆞ야갈오ᄃᆡ箕子ㅅ곡되라ᄒᆞ니라

(集說)陳氏曰淫、貪慾、泆、放蕩、如嬖妲怛己、爲酒池、肉林之類、囚、拘繫也、傳曰囚箕子、以爲奴、彰、著也、操、琴曲也

王子比干者ᄂᆞᆫ 亦紂之親戚也ㅣ라 見箕子諫不聽而爲奴ᄒᆞ고 則曰君有過而不以死爭去聲이면 則百姓은 何辜오ᄒᆞ고 乃直言諫紂ᄒᆞᆫ대

紂ㅣ怒曰吾聞聖人之心에 有七竅(苦弔反)ㅣ라ᄒᆞ니 信有諸乎아ᄒᆞ고 乃遂
殺王子比干ᄒᆞ야 刳視其心ᄒᆞ니라

●(諺)王子比干은또紂의결네라箕子ㅣ諫ᄒᆞ다가듯디아녀늘종되음을보고곳갈오ᄃᆡ
님금이허믈이잇거시든죽으모로써ᄃᆞ토디아니ᄒᆞ면곳百姓은므슴죄오ᄒᆞ고말솜
욷바ᄅᆞᄒᆞ야紂ᄅᆞᆯ諫ᄒᆞᆫ대紂ㅣ怒ᄒᆞ야ᄀᆞᆯ오ᄃᆡ내들으니聖人의心애닐곱굼기잇다호
니진실로인ᄂᆞ냐ᄒᆞ고드듸여王子比干을죽여헤뎨그心을보니라

(集解)陳氏曰王子比干、亦紂、諸父、辜、罪也、何辜、言無辜而被虐也、刳、剖也

微子ㅣ曰父子ᄂᆞᆫ有骨肉而臣主ᄂᆞᆫ以義屬故로 父有過ㅣ어든 子
三諫而不聽則隨而號(平聲)之ᄒᆞ고 人臣이 三諫而不聽則其義ㅣ
可以去矣라ᄒᆞ고 於是에 遂行ᄒᆞ니라

●微子ㅣᄀᆞᆯ오ᄃᆡ아비와아ᄃᆞᆯ은骨肉이잇고신하와님금은義로써브텃ᄂᆞ니그러모
로아비허믈이잇거든아ᄃᆞᆯ이세번諫호ᄃᆡ듯디아니커든조차ᄃᆞᆫ니며울고사ᄅᆞᆷ의신
해세번諫호ᄃᆡ듯디아니커든그義可히써갈새시라ᄒᆞ고이예드듸여가니라

(集說)吳氏曰微、國名、微子、紂、庶兄、屬、聯續也、去、所以存宗祀

孔子ㅣ曰殷有三仁焉ᄒᆞ니라

●孔子ㅣ ᄀᆞᆯᄋᆞ샤ᄃᆡ 殷에 세 어딘이 인ᄂᆞ니라

(集解) 朱子曰三人之行、不同而同出於至誠惻怛(當拔反)之意、故、不咈乎愛之理、而有以全其心之德也、楊氏曰此三人者、各得其本心、故、同謂之仁

○武王이 伐紂ㅣ어시ᄂᆞᆯ 伯夷叔齊ㅣ 叩馬而諫ᄒᆞᆫ대 左右ㅣ 欲兵之러니 太公이 曰此ᄂᆞᆫ 義人也ㅣ라ᄒᆞ고 扶而去之ᄒᆞ니라

○武王이 紂ᄅᆞᆯ 티거시ᄂᆞᆯ 伯夷와 叔齊ᄆᆞᆯ을 잡고 諫ᄒᆞᆫ대 左右ㅣ 죽이고져 ᄒᆞ더니 太公이 ᄀᆞᆯ오ᄃᆡ 이ᄂᆞᆫ 義엣사ᄅᆞᆷ이라ᄒᆞ고 븟드러 보내니라

(集解) 伯夷、叔齊、孤竹君之二子、叩、通作扣、說文、云牽馬也、武王伐紂、夷齊、以爲非義而諫之、兵、猶殺也、太公、呂望也

武王이 已平殷亂ᄒᆞ시니 天下ㅣ 宗周ㅣ어ᄂᆞᆯ 而伯夷叔齊ㅣ 恥之ᄒᆞ야 義不食周粟이라ᄒᆞ야 隱於首陽山ᄒᆞ야 採薇而食之ᄒᆞ더니 遂餓而死ᄒᆞ니라

●武王이 이믜 殷亂ᄋᆞᆯ 平ᄒᆞ시니 天下ㅣ 周ᄅᆞᆯ 宗ᄒᆞ거ᄂᆞᆯ 伯夷叔齊븟그려 義예 周ㅅ 곡식을 먹디 몯ᄒᆞᆯ재시라ᄒᆞ야 首陽山애 숨어 고사리ᄅᆞᆯ 키야 먹더니 드듸여 주려 죽으니라

(集解) 首陽、卽雷首山、在河東、程子曰伯夷叔齊、遜國而逃、諫伐而餓、終無怨

悔故、孔子、以爲賢也

○衛靈公이與夫人夜坐ㅣ러니聞車聲이轔轔[隣]ᄒᆞ야至闕而止라가過闕復[扶又反]有聲ᄒᆞ고公이問夫人曰知此ㅣ爲誰오夫人이曰此ㅣ蘧伯玉也ㅣ로소이다公이曰何以知之오夫人이曰妾이聞ᄒᆞ니禮에下公門ᄒᆞ며式路馬ᄂᆞᆫ所以廣敬也ㅣ니夫忠臣與孝子ᄂᆞᆫ不爲[去聲下同]昭昭信[伸]節ᄒᆞ며不爲冥冥惰行ᄒᆞᄂᆞ니蘧伯玉은衛之賢大夫也ㅣ라仁而有智ᄒᆞ고敬於事上ᄒᆞ니此其人이必不以闇昧로廢禮라是以知之ᄒᆞ노이다公이使人視之ᄒᆞ니果伯玉也ㅣ러라

●衛人靈公이夫人으로더불어밤의안잣더니술윗소릐드르르ᄒᆞ야대궐문에니르러그쳣다가대궐문디나다시소릐잇거늘듣고靈公이夫人다려무러ᄀᆞᆯ오ᄃᆡ알리로손야이누구오夫人이ᄀᆞᆯ오ᄃᆡ이蘧伯玉이로소이다靈公이ᄀᆞᆯ오ᄃᆡ엇디ᄡᅧ아ᄂᆞ뇨夫人이ᄀᆞᆯ오ᄃᆡ妾이들으니禮에대궐門을ᄂᆞ리며路馬을式ᄒᆞ게ᄒᆞᆷ은ᄡᅥ공경을넙이ᄒᆞᄂᆞᆫ배니忠臣과다ᄆᆞᆺ孝子ᄂᆞᆫᄇᆞᆰ은ᄃᆡ를爲ᄒᆞ야節을펴디아니ᄒᆞ며어두운ᄃᆡ를爲ᄒᆞ야힝실을게을이아니ᄒᆞᄂᆞ니蘧伯玉은衛人어딘태위라仁ᄒᆞ고디혜잇고우셤김을공

공경ᄒᆞ니이그사ᄅᆞᆷ이반ᄃᆞ시어두움으로써禮ᄅᆞᆯ廢티아니ᄒᆞᆯᄯᆡ라이러모로써아노
이다公이사ᄅᆞᆷ브려보니과연伯玉이러라
(集解)衛靈公、名元、夫人、南子、宋女也、闕、公門、蘧伯玉、衛大夫、名瑗、下公門、言至君門、下車以過也、式路馬、 謂見君車所駕之馬、憑式以致敬也、昭昭、顯明也、信、與伸同、言當顯明之時、 則伸其節義、欲人之共知也、冥冥、隱暗也、惰、怠慢也、言、當隱暗之際、則怠慢其所行、斯人之不見也、伯玉、當時、稱其仁智敬上、豈以冥冥之時、而廢禮乎、此、南子所以知之也

○趙襄子ㅣ殺智伯ᄒᆞ고漆其頭ᄒᆞ야以爲飮器러니智伯之臣豫讓이欲爲去聲之報仇ᄒᆞ야乃詐爲刑人ᄒᆞ야挾匕比首ᄒᆞ고入襄子宮中ᄒᆞ야塗厠이어ᄂᆞᆯ左右ㅣ欲殺之ᄒᆞᆫ대襄子ㅣ曰智伯이死無後ㅣ어ᄂᆞᆯ而此人이欲爲去聲報仇ᄒᆞ니眞義士也ㅣ라吾謹避之耳라

●趙襄子ㅣ智伯을죽이고그머리ᄅᆞᆯ漆ᄒᆞ야ᄡᅥ飮器ᄅᆞᆯ밍ᄀᆞᆯ앗더니智伯의신하豫讓이爲ᄒᆞ야원슈ᄅᆞᆯ갑고져ᄒᆞ야거즛刑人이되여匕首ᄅᆞᆯ세고襄子ㅅ宮가온대드러뒤간을ᄇᆞᄅᆞ거ᄂᆞᆯ左右ㅣ죽이고져ᄒᆞᆫ대襄子ㅣ굴오ᄃᆡ智伯이죽어ᄌᆞ손이업거ᄂᆞᆯ이사ᄅᆞᆷ이爲ᄒᆞ야원슈ᄅᆞᆯ갑고져ᄒᆞ니진짓義예션비라내삼가避ᄒᆞᆯᄯᆞᄅᆞᆷ이라

(集解)襄子、名無恤、智伯、名瑤、皆晉大夫、飮器、韋昭、云飮酒之具、晉灼、云溲
蒐溺(奴吊反)之器、呂氏春秋、云漆智伯頭、爲溲杯、未詳孰是、刑人、有罪被刑而執賤
役者、匕首、短劒也、其首、類匕、(增註)塗厠、謂以泥、墁溷厠之墻壁

讓이 又漆身爲癩ᄒᆞ며 呑炭爲啞(倚下反)ᄒᆞ야 行乞於市ᄒᆞ니 其妻ᄂᆞᆫ 不識
也ㅣ어ᄂᆞᆯ 其友ㅣ識之ᄒᆞ야 爲(去聲)之泣曰以子之才로 臣事趙孟이면 必得
近幸ᄒᆞ리니 子ㅣ乃爲所欲爲ㅣ 顧不易邪아 何乃自苦如此오 讓이
曰委質爲臣이오 而求殺之면 是ᄂᆞᆫ 二心也ㅣ라 吾所以爲此者ᄂᆞᆫ 將
以愧天下後世之爲人臣而懷二心者也ᄒᆞ노라

●讓이또몸을옴칠ᄒᆞ야라질ᄒᆞ야라질을ᄆᆡᆼᄀᆞᆯ며숫글먹음어벙어리되여저재ᄃᆞᆫ니
며비니그안해ᄂᆞᆫ아지몯ᄒᆞ거늘그벋이아라爲ᄒᆞ야울고ᄀᆞᆯ오ᄃᆡ그ᄃᆡ지조로ᄡᅥ趙孟
을신하셤기면반ᄃᆞ시갓가이괴임을어들이니그ᄃᆡᄒᆞ고져ᄒᆞᄂᆞᆫ바ᄅᆞᆯ홈이도로혀쉽
지아니ᄒᆞ랴엇디스ᄉᆞ로고로옴을이러ᄐᆞ시ᄒᆞᄂᆞᆫ요讓이ᄀᆞᆯ오ᄃᆡ몸을ᄇᆞ려신하되고
죽임을求ᄒᆞ면이ᄂᆞᆫ두ᄆᆞᄋᆞᆷ이라내ᄡᅥ이ᄅᆞᆯᄒᆞᄂᆞᆫ바ᄂᆞᆫ쟝ᄎᆞᆺᄡᅥ天下後世예사ᄅᆞᆷ의신해
여두ᄆᆞᄋᆞᆷ품ᄂᆞᆫ이ᄅᆞᆯ붓그리게ᄒᆞ노라

(集說)陳氏曰爲癩、爲啞、而行乞、欲人不識、得以殺襄子也、趙孟、卽襄子、顧、猶

反也、爲所欲爲、謂欲殺襄子、以報主仇也、委質、猶屈膝也

後에又伏於橋下ᄒᆞ야欲殺襄子ㅣ어늘襄子ㅣ殺之ᄒᆞ니라

●後에또ᄃᆞ리아래업듸여襄子를죽이고져ᄒᆞ거늘襄子ㅣ죽이니라

(集解)胡氏曰君子、爲名譽而爲善、則其善、必不誠、人臣、爲利祿而效忠、則其忠、必不盡、使智伯、有後而讓也、爲之報仇、其心、未可知也、智伯、無後矣、而讓也、不忘國士之遇ᄒᆞ以死許之、而其志愈篤、則無所爲而爲之者、眞可謂義士矣、然、襄子知其如此而殺之、何以爲人臣之勸哉

○王孫賈ㅣ事齊閔王ᄒᆞ다가王이出走ㅣ어늘賈ㅣ失王之處ㅣ러니其母ㅣ曰女汝下同ㅣ朝去而晩來則吾ㅣ倚門而望ᄒᆞ고女ㅣ莫暮出而不還則吾ㅣ倚閭而望이러니女ㅣ今事王ᄒᆞ다가王이出走커시늘女ㅣ不知其處ᄒᆞ니女ㅣ尙何歸오

●王孫賈ㅣ齊閔王을섬기더니王이나ᄃᆞᆺ거늘賈ㅣ王의곳을일헛더니그어미ᄀᆞᆯ오ᄃᆡ네아ᄎᆞᆷ의나가늣게야오면내門을의지ᄒᆞ여셔ᄇᆞ라고네나조ᄒᆡ나가도라오디아니ᄒᆞ면내니문을의지ᄒᆞ여셔ᄇᆞ라더니네이제王을섬기다가王이나ᄃᆞᆺ거시늘네그곳을아디못ᄒᆞ니네오히려엇디도라오뇨

(集解)王孫、姓、賈、名、齊大夫、閔王、名地、燕將、樂毅、破齊、閔王走莒、門、謂家之門、閭、謂巷之門、母謂賈、曰汝當往報其仇、汝何爲而歸耶

王孫賈ㅣ 乃入市中ᄒᆞ야 曰淖(閙)齒ㅣ 亂齊國ᄒᆞ야 殺閔王ᄒᆞ니 欲與我誅齒者ᄂᆞᆫ 袒(但)右ᄒᆞ라ᄒᆞᆫ대 市人從之者ㅣ 四百人이어늘 與誅淖齒ᄒᆞ야 刺(戚)而殺之ᄒᆞ니라

●王孫賈ㅣ 저잿가온ᄃᆡ들어가골오ᄃᆡ淖齒ㅣ齊人나라ᄒᆞᆯ어즈러여閔王올죽이니날노더브러齒를티고져ᄒᆞᄂᆞᆫ이ᄂᆞᆫ올ᄒᆞᆫ풀을메와ᄃᆞ라ᄒᆞᆫ대저잿사ᄅᆞᆷ이좃ᄎᆞ리四百사ᄅᆞᆷ이어늘더브러淖齒를티달녀죽이니라

(集解)淖、姓、齒、名、楚人、爲齊相、因亂而殺閔王

○臼季使(시)去聲 過冀ᄒᆞᆯ서 見冀缺이 耨(乃豆反)커늘 其妻ㅣ 饁(葉)之호대 敬ᄒᆞ야 相待如賓ᄒᆞ고 與之歸ᄒᆞ여 言諸文公曰敬은 德之聚也ㅣ니 能敬이면 必有德이니 德以治民ᄒᆞᄂᆞ니 君請用之ᄒᆞ소서 臣은 聞호니 出門如賓ᄒᆞ며 承事如祭ᄂᆞᆫ 仁之則(측)也ㅣ라호이다 文公이 以爲下軍大夫ᄒᆞ니라

●臼季ㅣ 블이여冀로디나갈시冀ᄯᅡ缺이기음ᄆᆡ거ᄂᆞᆯ그안해밥올이바ᄃᆞ되공경ᄒᆞ야

서르딕졉홈을손ᄀᆞᆺ티ᄒᆞ거늘보고더블어도라와文公ᄭᅴᄉᆞᆲ와ᄀᆞᆯ오ᄃᆡ공경홈은德의몯ᄂᆞᆫ거시니能히공경ᄒᆞ면반ᄃᆞ시德이이실ᄯᅵ라德으로ᄡᅥᄇᆡᆨ셩을다ᄉᆞᆯ이ᄂᆞ니님금아請건댄ᄡᅳ쇼셔臣은들으니門의날제손ᄀᆞ티ᄒᆞ며일을받드러홈애祭ᄒᆞᄂᆞᆫᄃᆞ시홈은仁홀법이라ᄒᆞ이다文公이ᄡᅥ下軍대우ᄅᆞᆯ삼ᄋᆞ니라

(集說)陳氏曰臼季、晉大夫、名胥臣、文公、晉君、名重耳、冀、邑名、缺、郤缺也、耘苗曰耨、野饋曰饁、人能敬則心存、心存則理得故、敬、德之聚也、修己、可以安百姓故、曰德以治民、出門如賓、承事如祭、敬也、敬以持己、則私意無所容、而心德全矣、故、曰仁之則也

○公父(甫)文伯之母는季康子之從(去聲)祖叔母也러니康子ㅣ往焉이어늘闈(爲委)門而與之言ᄒᆞ고皆不踰閾(役)ᄒᆞᆫ대仲尼聞之ᄒᆞ시고以爲別於男女之禮矣라ᄒᆞ시니라

●公父文伯의어미ᄂᆞᆫ季康子의從祖叔母ㅣ러니康子ㅣ니거늘門을열고더블어말ᄉᆞᆷᄒᆞ고다門쎤을넘디아니ᄒᆞᆫ대仲尼드르시고ᄡᅥᄉᆞ나희와겨집의禮에분변타ᄒᆞ시니라

(集解)公父文伯、魯大夫、名歜、昌六反其母、敬姜也、季康子、魯卿、名肥、闈、開也閾、門限也、敬妻、以從祖母之尊、與從孫相見、而不踰閾、可謂能別矣、(正誤)從

祖叔母、謂祖父昆弟之妻

○衛共(恭下同)姜者ᄂᆞᆫ衛世子共伯之妻也ㅣ라共伯이蚤死ㅣ어ᄂᆞᆯ共姜이守義ᄒᆞ더니父母ㅣ欲奪而嫁之어ᄂᆞᆯ共姜이不許ᄒᆞ고作栢舟之詩ᄒᆞ야以死自誓ᄒᆞ니라

●衛ㅅ共姜은衛ㅅ世子共伯의안해라共伯이일죽거ᄂᆞᆯ共姜이졀의를딕킈엿더니父母ㅣ씌아사嫁코져ᄒᆞ거ᄂᆞᆯ共姜이許티아니ᄒᆞ고栢舟詩를지어죽음오로써스ᄉᆞ로밍셰ᄒᆞ니라

(集解)姜、齊姓、嫁共伯故、曰共姜、共伯、名餘

○蔡人妻ᄂᆞᆫ宋人之女也ㅣ라旣嫁而夫有惡疾이어ᄂᆞᆯ其母ㅣ將改嫁之러니女ㅣ曰夫之不幸이妾之不幸也ㅣ니奈何去之리오適人之道ᄂᆞᆫ一與之醮ᄒᆞ면終身不改ᄒᆞᄂᆞ니不幸遇惡疾ᄒᆞ나彼無大故ᄒᆞ고又不遣妾ᄒᆞ니何以得去ㅣ리오ᄒᆞ고終不聽ᄒᆞ니라

●蔡ㅅ사ᄅᆞᆷ의안해ᄂᆞᆫ宋사ᄅᆞᆷ의ᄯᆞᆯ이라嫁홈애지아비사오나온병이잇거ᄂᆞᆯ그어미쟝ᄎᆞᆺ嫁호려ᄒᆞ더니ᄯᆞᆯ이ᄀᆞᆯ오ᄃᆡ夫의不幸홈이妾의不幸홈이니엇디ᄇᆞ리리오사ᄅᆞᆷ

의게가ᄂᆞᆫ道ᄂᆞᆫᄒᆞᆫ번더브러醮례ᄒᆞ면몸이ᄆᆞᆺ도록고티디아니ᄒᆞᄂᆞ니不幸ᄒᆞ야사오나온병을만나나데큰연괴엽고ᄯᅩ妾을보ᄂᆡ디아니ᄒᆞ니엇디ᄡᅥ시러곰가리오ᄒᆞ고ᄆᆞᄎᆞᆷ내ᄃᆞᆺ디아니ᄒᆞ니라

(集說)陳氏曰婦人自稱曰妾、酌而無酬酢曰醮、盖婚禮、贊者、三酌壻婦而不酬酢也

○萬章이問曰象이日以殺舜爲事ㅣ어늘立爲天子則放之ᄂᆞᆫ何也ㅣ잇고孟子ㅣ曰封之也ㅣ어늘或曰放焉이라ᄒᆞᄂᆞ니仁人之於弟也애不藏怒焉ᄒᆞ며不宿怨焉이오親愛之而已矣니라

●萬章이ᄆᆞᆺᄌᆞ와ᄀᆞᆯ오ᄃᆡ象이날마다舜죽임으로ᄡᅥ일을삼거늘셔天子ㅣ되샤ᄂᆞᆫ내틸만ᄒᆞ샴은엇디잇고孟子ㅣᄀᆞᆯᄋᆞ샤ᄃᆡ封ᄒᆞ셔늘或이닐오ᄃᆡ내티시다ᄒᆞᄂᆞ니어딘사ᄅᆞᆷ이아ᄋᆞ의게怒ᄒᆞ옴을ᄀᆞᆷ초아두디아니ᄒᆞ며원망홈을묵이디아니ᄒᆞ고親히ᄒᆞ며ᄉᆞ랑ᄒᆞᆯᄯᆞᄅᆞᆷ이니라

(集說)朱子曰放、猶置也、置之於此、使不得去也、萬章、疑舜、何不誅之、孟子、言、舜實封之、而或者、誤以爲放也、藏怒、謂藏匿其怒、宿怨、謂留蓄其怨

○伯夷叔齊ᄂᆞᆫ孤竹君之二子也ㅣ다父ㅣ欲立叔齊러니及父卒애

叔齊ㅣ讓伯夷ᄒᆞᆫᄃᆡ伯夷曰父命也ㅣ라ᄒᆞ고遂逃去ㅣ어늘 叔齊ㅣ亦不肯立而逃之ᄒᆞᆫ대國人이立其中〔仲〕子ᄒᆞ니라

●伯夷와 叔齊는孤竹님금의두아ᄃᆞᆯ이라아비叔齊ᄅᆞᆯ세고져ᄒᆞ더니밋아비죽음애叔齊ㅣ伯夷의게ᄉᆞ양ᄒᆞᆫ대伯夷ᄀᆞᆯ오ᄃᆡ아븨命이라ᄒᆞ고드듸여도망ᄒᆞ야가거ᄂᆞᆯ叔齊또즐겨서디아니ᄒᆞ고도망ᄒᆞᆫ대나랏사ᄅᆞᆷ이그가온댓아ᄃᆞᆯ을세니라

(增註)孤竹、國名(集解)朱子曰伯夷、以父命爲尊、叔齊、以天倫爲重、其遜國也、皆求所以合乎天理之正、而卽乎人心之安矣

○虞芮之君이相與爭田ᄒᆞ야久而不平ᄒᆞ야乃相謂曰西伯은仁人也ㅣ라盍往質焉이리오ᄒᆞ고乃相與朝周ᄒᆞ야入其境ᄒᆞ니則耕者ㅣ讓畔ᄒᆞ고行者ㅣ讓路ᄒᆞ며入其邑ᄒᆞ니男女ㅣ異路ᄒᆞ고斑白者ㅣ不提挈ᄒᆞ며入其朝ᄒᆞ니士ㅣ讓爲大夫ᄒᆞ고大夫ㅣ讓爲卿이어늘二國之君이感而相謂曰我等은小人이라不可以履君子之庭이라ᄒᆞ고乃相讓ᄒᆞ야以其所爭田으로爲閒田而退ᄒᆞ니天下ㅣ聞而歸之者ㅣ四十餘國이러라

●虞와芮人님금이서르더브러받홀ᄃᆞ토아오래平티몯ᄒᆞ야서르닐너ᄀᆞᆯ오ᄃᆡ西伯

온어딘사ᄅᆞᆷ이라엇디가질졍티아니리오ᄒᆞ고서르더블어周에됴회ᄒᆞ야그디경에드니곳밧가ᄂᆞᆫ이밧ᄀᆞ을ᄉᆞ양ᄒᆞ고ᄃᆞᆫ니ᄂᆞᆫ이길흘ᄉᆞ양ᄒᆞ며그도읍에드니ᄉᆞ나희와겨집이길흘달리ᄒᆞ고반만셴이잡드디아니ᄒᆞ며그됴뎡에드니士ㅣ대우되음을ᄉᆞ양ᄒᆞ고대위卿되옴을ᄉᆞ양ᄒᆞ거늘두나랏님금이감동ᄒᆞ야서르닐너골오ᄃᆡ우리ᄂᆞᆫ小人이라가히써君子의ᄯᅳᆺ흘ᄇᆞᆲ디못ᄒᆞᆯ새시라ᄒᆞ고서르ᄉᆞ양ᄒᆞ야그ᄃᆞ토던바밧ᄐᆞ로써공한ᄒᆞᆫ밧흘삼고믈너오니天下ㅣ듯고도라갈이마ᄋᆞᆫ남은나라히러라

(集說)陳氏曰虞、芮、皆國名、西伯、周文王也、盍、何不也、質、正也、畔、田界也

○曾子ㅣ曰以能으로問於不能ᄒᆞ며以多로問於寡ᄒᆞ며有若無ᄒᆞ며實若虛ᄒᆞ며犯而不校를昔者에吾友ㅣ嘗從事於斯矣러니라

●曾子ㅣ골ᄋᆞ샤ᄃᆡ能홈으로써能티못ᄒᆞᆫᄃᆡ무ᄅᆞ며만홈으로써젹은ᄃᆡ무르며두되업ᄉᆞᆫᄃᆞᆺᄒᆞ며實호ᄃᆡ虛ᄒᆞᆫᄃᆞᆺᄒᆞ며침노ᄒᆞ여도결우디아니홈을녜내벗이일ᄶᅵᆨ이예일삼아ᄒᆞ더니라

(集說)朱子曰、校、計校也、友、馬氏、以爲顏淵、是也、顏子之心、惟知義理之無窮、不見物我之有間、故能如此

○孔子ㅣ曰晏平仲은善與人交ㅣ로다久而敬之온여

●孔子ㅣ골ᄋᆞ샤ᄃᆡ晏平仲은사ᄅᆞᆷ으로더블어사괴옴을잘ᄒᆞᄂᆞᆺ다오라되공경ᄒᆞᆫ고

(集說)朱子曰晏平仲、齊大夫、名嬰、程子曰人交久則敬衰、久而能敬、所以爲善녀

右ᄂᆞᆫ明倫이라

●이우흔이륜을ᄇᆞᆰ히니라

孟子ㅣ曰伯夷ᄂᆞᆫ目不視惡色ᄒᆞ며耳不聽惡聲ᄒᆞ더니라

●孟子ㅣᄀᆞᆯᄋᆞ샤ᄃᆡ伯夷ᄂᆞᆫ눈에사오나온빗출보디아니ᄒᆞ며귀에사오나온소ᄅᆡ를듣디아니ᄒᆞ더니라

(增註)惡色、非禮之色、惡聲、非禮之聲

○子游ㅣ爲武城宰러니子ㅣ曰女汝ㅣ得人焉爾乎아曰有澹談臺滅明者ᄒᆞ니行不由徑ᄒᆞ며非公事ㅣ어든未嘗至於偃之室也ㅣ니이다

●子游ㅣ武城원이되엿더니孔子ㅣᄀᆞᆯᄋᆞ샤ᄃᆡ네사ᄅᆞᆷ을어던ᄂᆞᆫ다ᄀᆞᆯ오ᄃᆡ澹臺滅明이라ᄒᆞ리이시니ᄃᆞᆫ님애즐음길로말미암다아니ᄒᆞ며公事ㅣ아니어든일즉偃의집의니르디아니ᄒᆞᄂᆞ닝이다

(集說)朱子曰子游、孔子、弟子、姓言、名偃、武城、魯下邑、澹臺、姓、滅明、名、字、子羽、徑、路之小而捷者、公事、如飮射讀法之類、不由徑則動必以正、而無見小欲速之意、可知、非公事、不見邑宰、則其有以自守、而無枉己徇人之私、可見矣

○高柴ㅣ自見孔子로足不履影ᄒᆞ며啓蟄不殺ᄒᆞ며方長上聲不折이러니衛輒之難去聲에出而門閉어ᄂᆞᆯ或曰此에有徑이라ᄒᆞᆫ대子羔ㅣ曰吾ᄂᆞᆫ聞之호니君子ㅣ不徑이라호라曰此에有竇ㅣ라ᄒᆞᆫ대子羔ㅣ曰吾ᄂᆞᆫ聞之호니君子ㅣ不竇ㅣ라호라有間如字이오使者ㅣ至ᄒᆞ야門啓而出ᄒᆞ니라

●高柴ㅣ孔子보ᄋᆞ옴으로브터발애그림재를ᄇᆞᆲ디아니ᄒᆞ며啓ᄒᆞᄂᆞᆫ蟄을죽이디아니ᄒᆞ며보야ᄒᆞ로기ᄂᆞᆫ거슬것디아니ᄒᆞ더니衛人輒의難애나가다가門이다닷거늘或이ᄀᆞᆯ오ᄃᆡ이에즐음셸히잇다ᄒᆞᆫ대子羔ㅣᄀᆞᆯ오ᄃᆡ나ᄂᆞᆫ드로니君子ㅣ즐음셸로아니ᄒᆞᆫ다호라ᄀᆞᆯ오ᄃᆡ이예굼기잇다ᄒᆞᆫ대子羔ㅣᄀᆞᆯ오ᄃᆡ나ᄂᆞᆫ드로니君子ㅣ굼그로아니ᄒᆞᆫ다호라이윽고使者ㅣ니르러門이열려늘나니라

(集解)不履影、謂、與人同行、不踐其影也、啓蟄、蟄虫初出也、方長、草木初生也、竇、孔隙也、有間、少頃也、朱子曰不徑、不竇、安平時、可也、若有寇盜患難、如何守此、以殘其軀、觀聖人、微服過宋、可見矣、(增註)輒、衛君名、難、謂輒、以兵拒父時也

○南容이三去聲復福白圭ᄒᆞᆫ대孔子ㅣ以其兄之子로妻去聲之ᄒᆞ시다

●南容이白圭를세번復ᄒᆞᆫ대孔子ㅣ그兄의ᄌᆞ식으로써안해삼ᄋᆞ시다

(集說)朱子曰南容、孔子、弟子、居南宮、名縚、又名适、字子容、諡敬叔、詩、大雅抑之篇、曰白圭之玷、尙可磨也、斯言之玷、不可爲也、南容、一日三復此言、事見家語、蓋深有意於謹言也、此、邦有道、所以不廢、邦無道、所以免禍、故、孔子、以兄子妻之

○子路ㅣ無宿諾이러라

●子路ㅣ諾을宿홈 이업더라

(集說)朱子曰宿、留也、猶宿怨之宿、急於踐言、不留其諾也

○孔子ㅣ曰衣(去聲)敝縕(情)袍ᄒᆞ야 與衣狐貉者로 立而不恥者ᄂᆞᆫ 其由也與(平聲)ㄴ뎌

●孔子ㅣ ᄀᆞᆯᄋᆞ샤ᄃᆡ 헌 핫옷닙고 孤貉닙으니로더블어셔셔붓그리디아니ᄒᆞᄂᆞᆫ이ᄂᆞᆫ 그由ㄴ뎌

(集說)朱子曰敝、壞也、縕、枲(音洗)麻也、著(音宁)也、袍衣有著者也、蓋衣之賤者、孤貉、以孤貉之皮、爲裘、衣之貴者、子路之志、如此則能不以貧富動其心、而可以進於道矣、故、夫子稱之

○鄭子臧이 出奔宋이러니 好(去聲)聚鷸(흘)冠이어늘 鄭伯이 聞而惡(去聲)之ᄒᆞ야

使盜殺之ᄒᆞᆫ대 君子ㅣ曰服之不衷은 身之災也ㅣ라 詩에 曰彼己記之子ㅣ여 不稱去聲下同其服이로다ᄒᆞ니 子臧之服이 不稱也夫ᄂᆞ뎌

●鄭人子臧이宋애나ᄃᆞ랏더니鷸을모돈冠을됴히너기거ᄂᆞᆯ鄭伯이듣고아쳐로이너겨도적으로ᄒᆞ여곰죽인대君子ㅣ골오ᄃᆡ의복이뎌ᄃᆞᆼ티아니홈은몸앳지해라詩예골오ᄃᆡ뎌사람이여그오시맛디아니ᄒᆞ다ᄒᆞ니子臧의服이맛디아니ᄒᆞᆫ뎌

(集說)陳氏曰子臧、鄭伯之子、鷸、翠鳥 聚鷸冠者、聚其羽以爲冠也、詩、曹風、候人之篇、己、詩、作其記、語辭、(集解)衷、中也、

○公父甬文伯이 退朝ᄒᆞ야 朝其母ᄒᆞᆫ대 其母ㅣ 方績이러니 文伯이 曰以歜(昌六反)之家而主ㅣ 猶績乎ㅣ잇가 其母ㅣ 嘆曰魯其亡乎ᄂᆞ뎌 使僮子로 備官而未之聞邪ㅣ온여

●公父文伯이됴회로셔믈너와그어미ᄢᅴ뵐ᄉᆡ그어미보야ᄒᆞ로삼삼더니文伯이갈오ᄃᆡ歜의집으로ᄡᅥ어마님이오히려삼으시ᄂᆞ니잇가그어미嘆ᄒᆞ야골오ᄃᆡ魯ㅣ그亡ᄒᆞ린뎌아ᄒᆡ로ᄒᆡ여곰벼슬에ᄀᆞ초고듣디몯ᄒᆞ엿곤여

(集說)陳氏曰其母、卽敬姜也、績、緝麻也、歜也、文伯名、主、主母也、僮子、目文伯、國將亡則任非人、文伯、富貴而驕故、敬姜、深嘆之也

居ᄒᆞ라吾ㅣ語去聲女汝호리라民이勞則思ᄒᆞᄂᆞ니思則善心이生ᄒᆞ고逸則淫ᄒᆞᄂᆞ니
淫則忘善ᄒᆞ고忘善則惡心이生ᄒᆞᄂᆞ니라沃土之民이不材ᄂᆞᆫ淫也ㅣ오瘠
土之民이莫不嚮向義ᄂᆞᆫ勞也ㅣ니라

●안ᄌᆞ라내너ᄃᆞ려닐오리라ᄇᆡᆨ셩이ᄀᆞᆺ브면ᄉᆡᆼ각ᄒᆞᄂᆞ니ᄉᆡᆼ각ᄒᆞ면어딘ᄆᆞᄋᆞᆷ이나고
편안ᄒᆞ면음탕ᄒᆞᄂᆞ니음탕ᄒᆞ면어딜믈닛고어딜믈니ᄌᆞ면사오나온ᄆᆞᄋᆞᆷ이나ᄂᆞ니
라걸ᄯᅡ해ᄇᆡᆨ셩이지조롭디못홈은음탕홈이오마ᄅᆞᆫᄯᅡ햇ᄇᆡᆨ셩이올흔ᄃᆡ嚮티아니
리업슴은근로홈이니라

(集說)吳氏曰居語女者、止而與之語也、勞、勤勞也、逸、安逸也、沃、肥饒也、瘠
瘦薄也

是故로王后ㅣ親織玄紞(담)丁坎反ᄒᆞ시고公侯之夫人이加以紘宏綖延ᄒᆞ고
卿之內子ㅣ爲大帶ᄒᆞ고命婦ㅣ成祭服ᄒᆞ고列士之妻ㅣ加之以朝
服ᄒᆞ고自庶士以下ㅣ皆衣去聲其夫ᄒᆞᄂᆞ니社而賦事ᄒᆞ며烝而獻功ᄒᆞ야男
女效績ᄒᆞ야愆則有辟闢이古之制也ㅣ라

●이런故로王后ㅣ親히검은관ㅅ드림을짜시고公侯의夫人이紘과綖으로써더ᄒᆞ

고卿의해안큰띄를밍글고命婦ㅣ祭服을일오고列士의안해朝服으로뻐더ᄒᆞ고庶士로브터뻐아래다그지아비을닙피ᄂᆞ니社졔ᄒᆞ고말을맛디며烝졔ᄒᆞ고功을바터ᄉᆞ나히와겨집이공을다토와그르면죄이심이녯법이라

(集解)玄、黑色、紞、冠之垂於前後者、古者、王后、親織、以奉子王、紘、纓之無緌者、綖、冕之上覆者、諸侯夫人、比王后、又加此二者焉、內子、卿之妻、大帶、緇帶也、盖卿之妻、比諸侯夫人、又增是帶焉、命婦、大夫之妻、祭服、玄衣、纁裳、蓋大夫之妻、不特爲紘綖大帶、而必全成其夫之祭服也、列士、元士也、元士之妻、不獨成其祭服、而又加以朝服焉、庶士、下士也、自下士、至於庶人之妻、則莫不紡織績紝、以供其夫所衣之服焉、至若春日社祭之時、則各賦其農桑之事、冬日烝祭之時、則各獻其穀粟布帛之功、績、功也、愆 過也、辟、罪也、男女、各効其職、以成其功、苟或有過、則治以罪、此皆古昔之制度也

吾ㅣ 冀而朝夕 修我 曰必無廢先人이라ᄒᆞ더니 爾今曰胡不自安고ᄒᆞ니 以是로 承君之官이면 予懼穆伯之絕嗣也ᄒᆞ노라

●내네아춤나죄로나를경계ᄒᆞ야글오ᄃᆡ반ᄃᆞ시先人의일을廢티말라ᄒᆞ과댜ᄇᆞ라더니네이제글오ᄃᆡ엇디ᄉᆞᄉᆞ로편안티아니ᄒᆞᄂᆞ뇨ᄒᆞ니일로뻐님금의벼ᄉᆞᆯ을받ᄌᆞ오면내穆伯의니으리긋출가저허ᄒᆞ노라

(集說)吳氏曰冀、欲也、而、汝也、修、猶飭也、廢、猶墜也、先人、謂穆伯、文伯之父也、君、魯君也、敬姜、以爲居位而苟求安逸、敗亡之道也、故、旣歷陳古制、以告其子、而復言此以責之、其警之也、深矣

○孔子ㅣ曰賢哉라 回也ㅣ여 一簞丹食似와 一瓢飮으로 在陋巷을 人不堪其憂ㅣ어늘 回也ㅣ不改其樂洛ᄒᆞ니 賢哉라 回也여

●孔子ㅣᄀᆞᆯᄋᆞ샤ᄃᆡ어디다回여ᄒᆞᆫ바곤잇밥과ᄒᆞᆫ박믈로좁은골에이심을사ᄅᆞᆷ이그근심을이긔디못ᄒᆞ거ᄂᆞᆯ回ㅣ그즐거움을고티디아니ᄒᆞ니어디다回여

(集說)朱子曰回、姓顏、字子淵、孔子、弟子、簞、竹器、食、飯也、瓢、瓠也、顏子之貧、如此而處之泰然、不以害其樂、故、夫子再言賢哉回也、以深嘆美之

右ᄂᆞᆫ 敬身이라

●이우ᄒᆞᆫ몸공경ᄒᆞᆷ이라

衛莊公이 娶于齊東宮得臣之妹ᄒᆞ니 曰莊姜이라 美而無子ㅣ러니 其娣弟戴嫣圭ㅣ生桓公이어늘(按左傳戴嫣是陳女厲嫣之娣此有闕文) 莊姜이 以爲己子ᄒᆞ니라

●衛人莊公이齊人東宮得臣의누의ᄅᆞᆯ娶ᄒᆞ니ᄀᆞᆯ온莊姜이라고오ᄃᆡᄌᆞ식이업더니戴嫣ㅣ桓公ᄋᆞᆯ나하ᄂᆞᆯ莊姜이ᄡᅥ己의ᄌᆞ식을삼ᄋᆞ니라

(集說)陳氏曰莊公、衛君、名揚、謚曰莊、 東宮、太子宮、得臣、太子、 名姜、齊姓、嬀陳姓、莊、戴、皆謚也、娣、女弟之從(去聲)嫁者、桓公、名完

公子州吁는 嬖人之子也ㅣ러니 有寵以好(去聲)兵이어늘 公이 弗禁ᄒᆞ니 莊姜이 惡(去聲)之ᄒᆞ더라

●公子州吁는嬖人의아ᄃᆞᆯ이라고임이잇고병잠기를됴히너기거늘公이금지티아니ᄒᆞ니莊姜이아쳐ᄒᆞ더라

(集說)陳氏曰嬖人、莊公、幸妾也

石碏(鵲)이 諫曰臣은 聞愛子ᄒᆞ되 敎之以義方ᄒᆞ야 弗納於邪ㅣ니 驕奢淫泆(逸)이 所自邪也ㅣ라 四者之來는 寵祿이 過也ㅣ니이다

●石碏이諫ᄒᆞ야ᄀᆞᆯ오ᄃᆡ臣은드ᄅᆞ오니아ᄃᆞᆯ을ᄉᆞ랑호ᄃᆡ義의方으로ᄡᅥᄀᆞᄅᆞ쳐샤특ᄒᆞᆫᄃᆡ드리디아니홀디니교만ᄒᆞ며샤치ᄒᆞ며음란ᄒᆞ며방탕홈이브터샤특ᄒᆞᆫ배라네가지의오ᄆᆞᆫ고이며祿이넘을ᄉᆡ니이다

(集解)石、碏衛大夫、義方、爲義之方也、納、入也、邪者、惡逆之謂

夫寵而不驕ᄒᆞ며 驕而能降(강)ᄒᆞ며 降而不憾ᄒᆞ며 憾而能眕(軫)者ㅣ

鮮上聲矣니이다

●고이고교죵티아니ᄒᆞ며교죵ᄒᆞ고能히ᄂᆞ초며ᄂᆞ초고감ᄒᆞ디아니ᄒᆞ며감ᄒᆞᄒᆞ고能히ᄌᆞ듕ᄒᆞ리져으니이다

(集說)吳氏曰寵、愛也、憾、恨也、眕、重也、鮮、少也、言、得君寵愛而不驕、矜己驕而能降其心、强降其心、而不憾恨、有憾恨之心而能自重其身、能如是者、少矣

且夫賤妨貴ᄒᆞ며少陵長ᄒᆞ며遠閒去聲下同親ᄒᆞ며新閒舊ᄒᆞ며小加大ᄒᆞ며淫破義ᄂᆞᆫ所謂六逆也ㅣ오君義臣行ᄒᆞ며父慈子孝ᄒᆞ며兄愛弟敬은所謂六順也ㅣ니이다

●ᄯᅩ賤ᄒᆞᆫ이貴ᄒᆞᆫ이ᄅᆞᆯ해ᄒᆞ며져므니얼운을업슈이너기며먼이親ᄒᆞᆫ이ᄅᆞᆯ리간ᄒᆞ며새녜치ᄅᆞᆯ리간ᄒᆞ며져근이큰의게더으려ᄒᆞ며음란으로올ᄒᆞᆫ이ᄅᆞᆯ허롬은닐온밧여ᄉᆞᆺ거슬미오님금은올히ᄒᆞ고신하ᄂᆞᆫ行ᄒᆞ며아비ᄂᆞᆫ어엿비너기고아ᄃᆞᆯ은효도ᄒᆞ며兄은ᄉᆞ랑ᄒᆞ고아ᄋᆞ은공경ᄒᆞᆷ은닐온바여ᄉᆞᆺ順ᄒᆞᆷ이니이다

(集說)吳氏曰妨、害也、陵、犯也、閒、離也、破、壞也

去順效逆이所以速禍也ㅣ니君人者ㅣ將禍ᄅᆞᆯ是務去ㅣ어늘而速之ᄒᆞ시니無乃不可乎잇가

㊟順ᄒᆞᆷ을ᄇᆞ리고거슬믈ᄇᆡ홈이써화란을블으ᄂᆞᆫ배니사ᄅᆞᆷ의님금되연ᄂᆞᆫ이쟝ᄎᆞᆺ화란을이예힘써업시ᄒᆞᆯ새시어늘블으시니아니可티아니ᄒᆞ니잇가

(集說)吳氏曰順、即六順、逆、即六逆也、速、召也、莊公、溺愛嬖人之子、使恃寵弄兵而弗之禁、是、去順而效逆也、其後、州吁、弑桓公、爲石碏所誅、豈非速禍之明驗乎

○劉康公成肅公이會晉侯ᄒᆞ야伐秦이러니成子ㅣ受脤脊于社ᄒᆞ더不敬이어ᄂᆞᆯ

㊟劉康公과成肅公이晉侯와모다秦올티더니成子ㅣ社에脤을받오ᄃᆡ공경티아니ᄒᆞ거ᄂᆞᆯ

(集說)吳氏曰劉、成、皆邑名、康、肅、皆謚、晉侯、晉厲公、名州蒲、脤、祭祀之肉、盛以脤器故、曰脤、凡出兵則宜祭名于社

劉子ㅣ曰吾ㅣ聞之호니民이受天地之中ᄒᆞ야以生ᄒᆞ니所謂命也ㅣ라是以로有動作禮義威儀之則(측)ᄒᆞ니以定命也ㅣ라能者ᄂᆞᆫ養之以福ᄒᆞ고不能者ᄂᆞᆫ敗以取禍ᄒᆞᄂᆞ니라

㊟劉子ㅣ ᄀᆞᆯ오ᄃᆡ내들오니ᄇᆡᆨ셩이하ᄂᆞᆯ과ᄯᅡ희듕졍ᄒᆞᆫ거슬받ᄌᆞ와써나니닐온바命

이라이러모로써動作이며禮義며威儀읫법이인ᄂᆞ니써命을定홈이라能ᄒᆞᆫ이ᄂᆞᆫ쳐써福ᄒᆞ고能티몯ᄒᆞᆫ이ᄂᆞᆫᄒᆞ여ᄇᆞ려써禍를일ᄂᆞ니라

(集解)眞氏曰劉子所言之中、卽成湯降衷之衷、是謂天命之性也、人之動作禮義威儀、非可以强爲也、天地有自然之中、而人得之以生、故、動作禮義威儀、皆有自然之則、過之、非中也、不及、亦非中也、動作、以身言、禮義、以理言、威儀、以著於外者言、能循其則者、順天地之命者也、故、曰養之以福、不能循其則者、逆天地之命者也、故、曰敗以取禍、然、所謂能不能者、豈有他哉、亦曰敬與不敬而已矣、

(增註)天地之理、人得之以生、所謂在天爲命、在人爲性者也、動作禮義威儀、各有當然之則、聖人、所以定其性、而使弗失也

是故로君子ᄂᆞᆫ勤禮ᄒᆞ고小人은盡力ᄒᆞᄂᆞ니勤禮ᄂᆞᆫ莫如敦敬이오盡力은莫如敦篤이라敬在養神이오篤在守業이라ᄒᆞ니國之大事ㅣ在祀與戎ᄒᆞ니祀有執膰(번)ᄒᆞ며戎有受脤이神之大節也ㅣ어늘今成子ㅣ惰ᄒᆞ니棄其命矣라其不反乎ᄂᆞᆫ뎌

●이런故로君子ᄂᆞᆫ禮를브즈런이ᄒᆞ고小人은힘을다ᄒᆞᄂᆞ니禮를브즈런이홈은공경을닐윔만ᄀᆞᄐᆞ니업고힘을다홈은敦篤홈만ᄀᆞᄐᆞ니업ᄉᆞ니라공경홈은귀신봉양

홈애잇고목실홈은業을딕희옴애잇ᄂᆞ니라나랏큰일이졔ᄉᆞ와다ᄆᆞᆺ싸홈애이시니
졔ᄒᆞ기예膰을잡음이이시며군ᄊᆞ기예脤을옴밤이이심이神씌ᄒᆞᄂᆞᆫ큰졀목이어늘
이졔成子ㅣ게을으니그命을ᄇᆞ리ᄂᆞᆫ디라그도라오디몯ᄒᆞᆯ인뎌

(集說)陳氏曰君子、小人、以位言之、敦篤、亦敬也、膰、祭肉、執膰、受脤、皆交神之大節、惰、謂受脤不敬、君子、勤禮以奉祀、小人、盡力以務農、皆養之以福者也、成子、以君子而受脤不敬、有取禍之道、故、劉子、逆知其不反、其後、果卒于瑕、

(集解)眞氏曰夫敬之一言、堯、舜、禹、湯、文武以來、傳心之要法、春秋之世、去聖人未遠、名卿賢大夫、猶有聞焉、故呂成公曰劉子之言、乃三代、老師宿儒傳道之淵源、信矣夫

○衛侯ㅣ在楚ㅣ러니北宮文子ㅣ見令尹圍之威儀ᄒᆞ고言於衛侯曰令尹이其將不免이러이다詩云敬愼威儀ㅣ야라維民之則(측)이라ᄒᆞ니令尹이無威儀ᄒᆞ니民無則焉이라民所不則이오以在民上ᄒᆞ니不可以終이니이다

●衛侯ㅣ楚애잇더니北宮文子ㅣ令尹圍의威儀를보고衛侯씌닐너ᄀᆞᆯ오ᄃᆡ令尹이그쟝ᄎᆞᆺ免티몯ᄒᆞ리러이다詩에닐ᄋᆞᆫ오ᄃᆡ威儀를공경ᄒᆞ며삼가ᄂᆞᆫ디라ᄇᆡᆨ셩의법이라

ᄒᆞ니令尹이威儀업ᄉᆞ니ᄇᆡᆨ셩이법홀새시업ᄉᆞᆫ디라ᄇᆡᆨ셩의법밧디못ᄒᆞᄂᆞᆫ배오써ᄇᆡᆨ
셩의우히이시니可히써션죵티못ᄒᆞ리이다

(集說)吳氏曰衛侯、襄公、名惡、文子、衛大夫、名佗、北宮、其姓也、令尹、楚上卿、
執政者、名圍、免、謂免於禍、詩、大雅抑之篇、則、法也、不可以終、言不可以善保
其終也

公曰善哉라 何謂威儀오 對曰有威而可畏를 謂之威오 有儀
而可象을 謂之儀니 君이 有君之威儀ᄒᆞ면 其臣이 畏而愛之ᄒᆞ며 則
而象之故로 能有其國家ᄒᆞ야 令聞問이 長世ᄒᆞ고 臣이 有臣之威儀ᄒᆞ면
其下ㅣ 畏而愛之故로 能守其官職ᄒᆞ야 保族宜家ᄒᆞᄂᆞ니 順是以
下ㅣ 皆如是라 是以로 上下ㅣ 能相固也ㅣ니이다

●公이ᄀᆞᆯ오ᄃᆡ올타엇디닐온威儀오對ᄒᆞ야ᄀᆞᆯ오ᄃᆡ위엄이이셔可히저픔을닐온威
오거동이이셔可히본바듬을닐온儀니님금이님금의威儀ᄅᆞᆯ두어시면그신해저허
ᄒᆞ고ᄉᆞ랑ᄒᆞ며법삼아본반ᄂᆞᆫ故로能히그國家ᄅᆞᆯ두어어딘일홈이후셰예길리가고
신해신하의威儀ᄅᆞᆯ두면그아래저허ᄒᆞ고ᄉᆞ랑ᄒᆞᄂᆞᆫ故로能히그벼슬올딕희여겨리
ᄅᆞᆯ안보ᄒᆞ며집을맛당캐ᄒᆞᄂᆞ니일로조차써아래다이ᄀᆞᆺᄐᆞᆫ디라이러모로써우과아

래能히서르굳ᄂᆞ니이다

(集說)吳氏曰此、衛侯問而文子答也、令聞長世、謂善名、久垂於世也、是、指君臣而言、皆如是、謂皆有威儀也、固、安固也、此、言君臣之有威儀而其效、如此

衛詩에曰威儀棣棣라不可選也ㅣ라ᄒᆞ니言君君上下父子兄弟內外大小ㅣ皆有威儀也ㅣ니이다

○衛詩예ᄀᆞᆯ오ᄃᆡ威儀ㅣ棣棣ᄒᆞᆫ디라可히ᄀᆞᆯ히디몯ᄒᆞ리로다ᄒᆞ니님금이며신해며우히며아래며아비며아ᄃᆞᆯ이며형이며아ᅀᆞ이며안히며밧기며큰이며져근이다威儀잇ᄂᆞᆫ줄ᄋᆞᆯ닐ᄋᆞ니이다

(集解)詩、邶風 栢舟之篇、棣棣、富而閑習之貌、選、簡擇也、言威儀無一不善、不可得而簡擇取舍也、(增註)此、蓋借引、以爲人皆不可無威儀耳

周詩예曰朋友攸攝이攝以威儀라ᄒᆞ니言朋友之道ㅣ必相敎訓以威儀也ㅣ니이다

●周詩예ᄀᆞᆯ오ᄃᆡ벋의셔ᄃᆞᄂᆞᆫ배셔ᄃᆞ롬ᄋᆞᆯ威儀로뻐ᄒᆞᆫ다ᄒᆞ니벋의도리ᄂᆞᆫ반ᄃᆞ시서르威儀로뻐ᄀᆞᄅᆞ칠ᄋᆞᆯ닐ᄋᆞ니이다

(集解)詩、大雅、旣醉之篇、攝、檢也

故로君子ᄂᆞᆫ在位可畏ᄒᆞ며施舍可愛ᄒᆞ며進退可度ᄒᆞ며周旋可則(측)ᄒᆞ며容止可觀ᄒᆞ며作事可法ᄒᆞ며德行去聲可象ᄒᆞ며聲氣可樂洛ᄒᆞ며動作有文ᄒᆞ며言語有章ᄒᆞ야以臨其下ㅣ라謂之有威儀也ㅣ니이다

◉그러모로君子ᄂᆞᆫ位에이심애可히저프며쓰이며ᄇᆞ리임애可히ᄉᆞ랑호오며나으며믈롬이可히법바암즉ᄒᆞ며두루돌옴이可히법바담즉ᄒᆞ며용모와거지可히보왐즉ᄒᆞ며일을홈이可히法바담즉ᄒᆞ며어딘힝실이可히본바담즉ᄒᆞ며소리와긔운이可히즐거오며動作애문채이시며말ᄉᆞᆷ애章이이셔써그아래를다ᄂᆞᆯ언ᄂᆞᆫ디라威儀잇다닐ᄋᆞᄂᆞ니이다

(集解)施、用也、舍、不用也、度、法度也、眞氏曰自古之論威儀者、未有若文子之備也、蓋威、非徒事嚴猛而已、正衣冠、尊瞻視、儼然、人望而畏之、夫是之謂威也、儀、非徒事容飾而已、動容周旋、無不中禮、夫是之謂儀也、當是時、令尹圍、專楚國之政、有簒奪之心、形諸威儀、必有僭偪于上者、故、文子見而知其不終、未幾、果以簒奪得國、是爲靈王、其後、亦復被弑而不能終也

右ᄂᆞᆫ通論이라

◉이우ᄒᆞᆫ通ᄒᆞ야ᄒᆞᆫ의론이라

原本小學集註卷之四

原本 小學集註 (上)

初 版 發 行 ● 1973年 5月 25日
修 正 版 發 行 ● 1984年 2月 15日
修 正 21刷 發 行 ● 2013年 1月 16日
修 正 22刷 發 行 ● 2021年 2月 17日

校 閱 ● 金 赫 濟
發 行 者 ● 金 東 求

發 行 處 ● 明 文 堂(1923. 10. 1 창립)
서울특별시 종로구 안국동 17~8
우체국 010579-01-000682
전화 (영) 733-3039, 734-4798
(편) 733-4748
FAX 734-9209
Homepage www.myungmundang.net
E-mail mmdbook1@hanmail.net
등록 1977. 11. 19. 제1~148호

값 8,000원
ISBN 89-7270-059-2 94140
ISBN 89-7270-005-3 (전2권)